わかりやすい
コミュニケーション学

◇ 基礎から応用まで ◇

Introduction to Communication Studies

岡野雅雄 編著

三和書籍

まえがき

　本書は，大学・短大でのテクストとして，また，広く，コミュニケーションについて知りたい方に読んでいただくことを目指して書かれたものです．

　各章は，それぞれの分野の研究・教育に携わっている専門家によって分担執筆されており，できるだけわかりやすく，しかも内容はコミュニケーション学の現在を示すような清新なものであることを願ってつくられました．なるべく具体例を用い，必要な場合には図表やコラムを入れ，平易なことばで説明することで，読者にとって親しみやすいものになることを目指しております．一通り読んでいただくことで，この分野の基礎を理解し，さらにコミュニケーション学の発展的な研究状況も知ることができるでしょう．

　コミュニケーションという総合的な活動・現象には，言語・身体・文化・社会・産業・技術その他の多くの側面があります．本書の各章は，以下に示すようなテーマから，コミュニケーションのある面に照明を当てるという構成になっています．

　第1章「言語コミュニケーション」は，対人的コミュニケーションの基礎である，ことばによるコミュニケーションについて述べています．

　第2章「非言語コミュニケーション」は，同様に対人的コミュニケーションの基礎である，表情・身振りなど身体を使ったコミュニケーションについて述べています．

　第3章「異文化コミュニケーション」は，文化的背景の異なる人々の間のコミュニケーションをテーマとして，異文化接触の際に起こるさまざまな問題を取り上げています．

　第4章「相互行為とコミュニケーション——ゴフマンとエスノメソドロジーの視点」は，コミュニケーションに対する社会的な側面

を理解するために，社会的な相互行為としてコミュニケーションをとらえる方法について述べています．

　第5章「マス・コミュニケーション——過去・現在・未来」は，歴史，理論，産業，現在脚光を浴びているメディア・リテラシーの4部立てで，マス・コミュニケーションの概要を示しています．

　第6章「説得的コミュニケーション——応用例としての広告効果」は，働きかけというコミュニケーションの一つである「説得」と，その応用例として，広告の効果について述べています．

　第7章「健康コミュニケーション」は，医療従事者と患者の対人コミュニケーションについて，また，ヘルスプロモーションの道具としてのパブリックおよびマス・コミュニケーションを中心に述べています．

　各章ともに特別な前提知識を必要とはしていないので，興味のある章から読み進んでゆき，コミュニケーション学に親しんでいただきたいと思います．

　最後に，三和書籍の高橋考代表取締役編集長，編集部畑山大輔さんには，入稿が遅れご迷惑をおかけしましたが，本書の完成に至るまで多大なご理解とご支援をいただき，深く感謝いたします．

2004年3月
編者　岡野雅雄

【改訂版について】

　初版が出版されて4年が経ち、この間に多くの読者に恵まれ、また、書評などで本書について有益なご意見をいただくことができました。今回版を改める機会を得ましたので、ほぼ各章において、若干の記述の補充や修正を行いました。本書がコミュニケーションに関する基本書として、息ながく読まれてゆくことを願っています。

2008年2月
編者　岡野雅雄

目　次

まえがき

第1章　言語コミュニケーション　　岡野雅雄
1. 言語の機能 …………………………………………………………… 2
2. コミュニケーション能力 …………………………………………… 5
3. 文法とは何か ………………………………………………………… 8
4. 談話 …………………………………………………………………… 16
5. 言語と社会 …………………………………………………………… 22
6. 言語の創造性 ………………………………………………………… 26
7. おわりに ……………………………………………………………… 29

第2章　非言語コミュニケーション　　佐久間勲
1. 対人コミュニケーションと非言語コミュニケーション ………… 31
2. 非言語コミュニケーションと情動 ………………………………… 33
3. 非言語コミュニケーションと親密さ ……………………………… 38
4. 非言語コミュニケーションと印象 ………………………………… 43
5. 言語の代用としての非言語コミュニケーション ………………… 45
6. 非言語コミュニケーションと欺瞞 ………………………………… 47
7. 非言語コミュニケーションと説得 ………………………………… 49
8. 非言語コミュニケーションの能力の個人差 ……………………… 50

第3章　異文化コミュニケーション　　田崎勝也
1. 比較文化研究の理論的枠組み ……………………………………… 57
2. 文化的価値観とコミュニケーション行動 ………………………… 72
3. おわりに ……………………………………………………………… 84

第4章　相互行為とコミュニケーション　鶴田幸恵
　　　——ゴフマンとエスノメソドロジーの視点
　1．はじめに 89
　2．コミュニケーション論／学のコミュニケーション観との「3つの違い」
　　 90
　3．相互行為秩序はいかにして可能か　——ゴフマン 93
　4．相互行為秩序を現象として記述する　——エスノメソドロジー ... 103
　5．おわりに 111

第5章　マス・コミュニケーション　諸橋泰樹
　　　——過去・現在・未来
　1．マス・コミュニケーションの成立と機能 117
　2．研究対象としてのマス・コミュニケーション 123
　3．日本のマス・コミュニケーション産業 131
　4．現代人に必要とされるメディア・リテラシー 138

第6章　説得的コミュニケーション　浅川雅美
　　　——応用例としての広告効果
　1．説得的コミュニケーションの3要因 149
　2．段階的勧誘法 158
　3．広告効果のプロセス 161

第7章　健康コミュニケーション　抱井尚子
　1．健康コミュニケーションとは何か 173
　2．健康コミュニケーションの定義 177

- 3. 対人レベルの健康コミュニケーション……………………… 183
- 4. 医療従事者と患者の関係形成における障害とその弊害 ………… 186
- 5. 良好な関係形成を促進するコミュニケーションのあり方 ……… 189
- 6. 患者の自己開示を促すコミュニケーションの技法 ……………… 192
- 7. より良い対人コミュニケーションをめざして ………………… 194
- 8. パブリックおよびマスレベルの健康コミュニケーション ……… 195
- 9. 健康信念モデル ……………………………………………… 196
- 10. ヘルスプロモーション ……………………………………… 201
- 11. ヘルスプロモーションのためのコミュニケーション・チャンネル 202
- 12. 大衆レベルにおける健康コミュニケーションの今後 …………… 203
- 13. むすび ……………………………………………………… 204

索引 …………………………………………………………… 211

第1章
言語コミュニケーション

岡野雅雄

　本章では，言語を用いたコミュニケーションについて，言語学の立場から概説します．コミュニケーションの手段として，最も重要なものの一つが言語であることは言うまでもありません[1]．人間が言語を使用するという点からみると，言語はあくまでもコミュニケーションの道具です．道具としてみると，人間の持つさまざまな創意工夫が注ぎこまれるため，一見奇妙な現象が生まれることがあります．

（奇妙な例1）
　「君，ずいぶん偉くなったね」と言ったら，相手を立派な人だと思っているどころか，非難していることがあります．すなわち，辞書に書いてある意味と正反対の意味になっています．
（奇妙な例2）
　森を歩いていて，ちょっとお昼休みをとりたくなり，弁当をひろげられる場所を探しているとします．そのとき手頃な切り株を指差して，
　「あ，そこにいいテーブルがあるよ」
と，言っても別に不自然ではないでしょう．しかし，考えてみると，どうして切り株を指して，テーブルと言っても変ではないのでしょうか？

　妙な例は他にもたくさん挙げることができるでしょう．それなら，実際のことばの使用というのは，規則などない，無原則なものなのでしょうか？　このような現象を見ると，現実での言語使用は，一筋縄ではいかないことが理解できます．「ことばは生き物だから……」と片づけてしまうことはやさしいですが，言語学ではそれを

説明しようとするのです．

　この章では，このコミュニケーションの手段としての言語という面に焦点を当て，ことばを用いたコミュニケーションとはどのようなものであるか，また，言語コミュニケーション能力とは何かについて理解を深めることを目的とします．以下では，まず，言語のさまざまな働きについて概観し，次にコミュニケーション能力とはどのようなものかについて見てみましょう．その上で，コミュニケーションと「文法」の関係について整理しつつ，文法を構成する部門についてまとめます．次に，談話，社会における言語の使用，さらに言語の創造性について見てゆくことにします．

1. 言語の機能

　「言語は道具だ」と見たとき，その働きにはどんなものがあるでしょうか？　私たちが第一に思うことは，「ことばは何かを指し示すために使っている」ということです．

　　　　　　　　ことば　→　モノ（指示対象）

というように指示する働きです．

　しかし，日常生活では以下のような「情報」を伝達していない会話が数多く行われています．

　例　「どちらまで？」「ちょっとそこまで」
　例　「今日はいいお天気ですね」

　これらは何かを指し示すというよりは，対人関係を維持するために使われています．言語の機能は，情報伝達を中心とした指示的機能だけではないということがよくわかります．このような言語の機能の多様性をとらえた，代表的な説を見てみましょう．

(1) ビューラーのオルガノン・モデル

ドイツの哲学者かつ心理学者ビューラー（1934）は，言語を人間がコミュニケーションするときに用いる道具として見て，それを「オルガノン」と呼びました．そして，言語という記号は，内容事物だけではなく，送り手，受け手が関係していて，この3要素に関連して以下の3つの働きがあると考えました（図1）．

①言語記号は，「表出」（徴候，シンプトン）として働き，送り手について何かを伝えます．

②言語記号は，「表示」（象徴，シンボル）として働き，対象物や物事の状態を指し示します．

③言語記号は，「訴え」（信号，シグナル）として働き，受け手に解釈や反応を呼び起こします．

これらはさまざまな形で混合して現れます．たとえば，「おや，雨が降ってきたようですね」という文についてみると，「おや」というのは，送り手（話し手）の感情を伝えており，「表出」です．「雨が降ってきたようです」というのは，天候という対象物の状態を示し「表示」です．「ね」というのは，受け手（聞き手）に同意という反応を呼び起こそうとしているので，「訴え」です．

(2) ヤーコブソンの6機能モデル

上記のモデルを拡大発展させた形になっているのが，言語学者

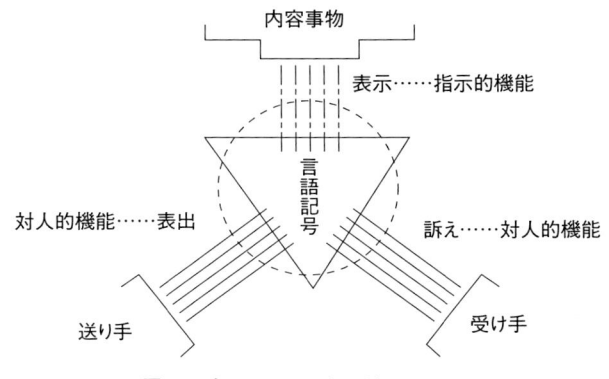

図1　ビューラーのオルガノン・モデル

ヤーコブソン (1960) のモデルです. ヤーコブソンは, あらゆるコミュニケーション行動に含まれる構成要因を, 図2-1のように考えました.

図2-1　コミュニケーションの構成要因

すなわち,「送り手」(addresser) が「受け手」(addressee) に「メッセージ」(message) を送ります. メッセージが有効であるためには, 受け手に理解できるような「コンテクスト」(context；ここでは「指示対象」に近い意味となっている) があり, 送り手と受け手に多少とも共通の「コード」(code) があり, 送り手と受け手の間に物理的な情報経路および心理における「接触」(contact) がある必要があります.

　これら6つの要因は, 図2-2の対応する位置にある6つの機能を決定します.

　「指示的」(referential),「感情表出的」(emotive),「働きかけ的」

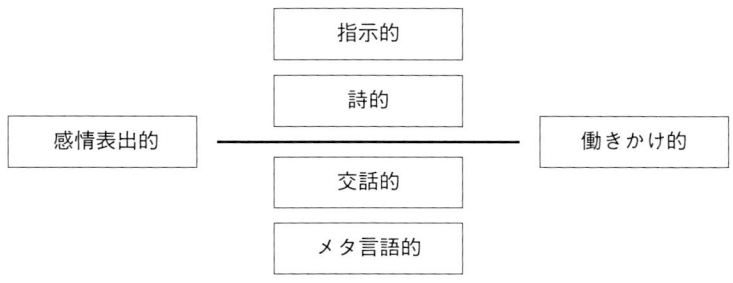

図2-2　コミュニケーションの機能

(conative) の 3 つの機能は，オルガノン・モデルの 3 つの機能，すなわち「表示」，「表出」，「訴え」にほぼ相当します．ヤーコブソンは，それに加えて，以下の 3 機能を新たに考えることで，より包括的なモデルを与えています．

「メタ言語的」(metalingual) 機能は，「コード」について述べる機能です．メタ (meta) は「超-」や「について」などの意味があることから，このように名づけられています．たとえば，「"黒板"という単語は日本語である」とか，「私の言っている意味がわかりますか？」というのは，言語コードについて述べているので，メタ言語の文です．このようなメタ言語の果たす役割を「メタ言語的機能」といいます．この「メタ言語」を可能にする能力は「メタ言語能力」と呼ばれ，言語学習においても重要な役割を果たしています．

「交話的」(phatic) 機能は，送り手と受け手の「接触」にかかわる機能です．電話で「もしもし，聞こえますか」と言って回線が通じているのを確認する場合や，挨拶，世間話などのようなものを，「交話的」なことば使用といいます．応答があれば，線が切れてないことがわかります．天候の挨拶でも，応答しあうことで心理的な関係が切れていないことが確認されるのです．

「詩的」(poetic) 機能といわれる機能は，「メッセージ」それ自体のために，メッセージに注意をうながす働きをいいます．詩や広告がよい例です．言語が単なる伝達手段ではなく，ことばとしてのおもしろさや手応えを感じさせるときの働きです．

2. コミュニケーション能力

言語を実際に使うということは，相手や場面のある中で使うということです．そこでは，さまざまな種類の知識が使用されると考えられます．一方，文法では，このうち，文そのものに関する知識を「言語能力」と考えます．形式的な正しさを判断する能力です．

しかし，文法的に正しい文であっても，場面に「適切」であるとは限りません．「おまえも行くか」と目上の人に聞いたら，文法的

には正しい文ですが，失礼になります．

　また，形式的に正しい文を作る能力が不足していても，うまく伝達ができることがあります．外国語があまり喋れなくても，片言で身振りを交えて話しているうちに，すっかり親しくなったというエピソードも多いのです．このことが示唆するように，ある言語を充分に使いこなすようになるためには，文そのものに関する知識，すなわち文法と同時に，どのような状況でどのようなことを言うべきかといった，談話や発話に関する知識も重要であることがわかります．

　したがって，単なる文法能力と，適切な談話や発話を可能にする能力を，区別したほうがよいことになります．場面に適切な言語を判断し使用できる能力を「コミュニケーション能力」（communicative competence）といいます．

　言語教育においては，コミュニケーション能力をかたちづくるものとして，主に以下の4つの能力が重要と考えられています（カナールとスウェイン，1980）．ここでは，文法能力以外に3つの能力が含まれています．

①文法能力……文法的に「正しい」文を用いる能力です．
②社会言語能力……言語が使用される社会的な文脈を判断して「適切な」表現を用いる能力です．社会的背景，互いの関係を判断して，会話の規則を適切に用いることが必要です（先の例「おまえも行くか」はこの点が欠けていたわけです）．
③談話能力……文の羅列ではない，意味のある談話・テクストを理解し，作り出す能力です．
④方略的言語能力……コミュニケーションの目的を目指してメッセージを伝達する対処能力です．たとえば，語彙や文法などの表現力の不足を補って言い換えや繰り返しや推測などを行うことや，コミュニケーションの失敗を補って伝達するための方策などが含まれます．

　また，フィンチ（1998）は，言語の能力と機能に関するさまざま

な知見を整理して，図3のようにまとめています．ここでは言語能力は，ミクロ機能とその背後にある機能すなわちマクロ機能に大別されています．ミクロ機能というのは，言語の働きを具体的に個別に挙げたものです．図3の下部に挙げてあるリストをご覧ください（ただしフィンチは，このリストは網羅的なものではなく，他にも働きは考えられるとしています）．マクロ機能というのは，これら個別的な働きの背後にある，4つの根本的な機能のことです．また，機能と能力は，それぞれ対応しあうものとして考えられています．マクロ機能と，それに対応する能力について，以下に簡単に説明してゆきます．

①「観念的機能」とは，世界を自分や他者のために概念化する機能のことです．物事を同定したり，思考を表したり，記録を取ったりすることで，私たちは身の周りにある世界を象徴的コードによって言語的に表示するのです．この機能に対応する能力は，「文法能力」です．

②「対人関係的機能」とは，自分と他の人びととを関係付ける機能です．言語を純粋に交話的に使う場合や，もっぱら心身のエネルギーを解放するために使う場合には，対人関係的な機能が主要なものになっていることが多いのです．この機能は，おおまかに(狭義の)「コミュニケーション能力」に対応づけられています．

③「詩的機能」は，ヤーコブソンの「詩的機能」の概念をそのまま取り入れたものです．比喩やジョークやリズムのある表現をするなど，ことばをそれ自体として楽しんで使う働きです．この機能は，「創造的能力」におおまかに対応しています．

④「テクスト的機能」は，イギリスの言語学者ハリデー（1978）による概念です．談話が単に文の羅列でなくて，談話らしいものになるように，つながりや一貫性があり，情報の流れがわかりやすく整っているような会話・文章を作り出す働きのことです．この機能を達成させるのは，「テクスト的能力」です．

フィンチのいうマクロ機能では，「コミュニケーション能力」が

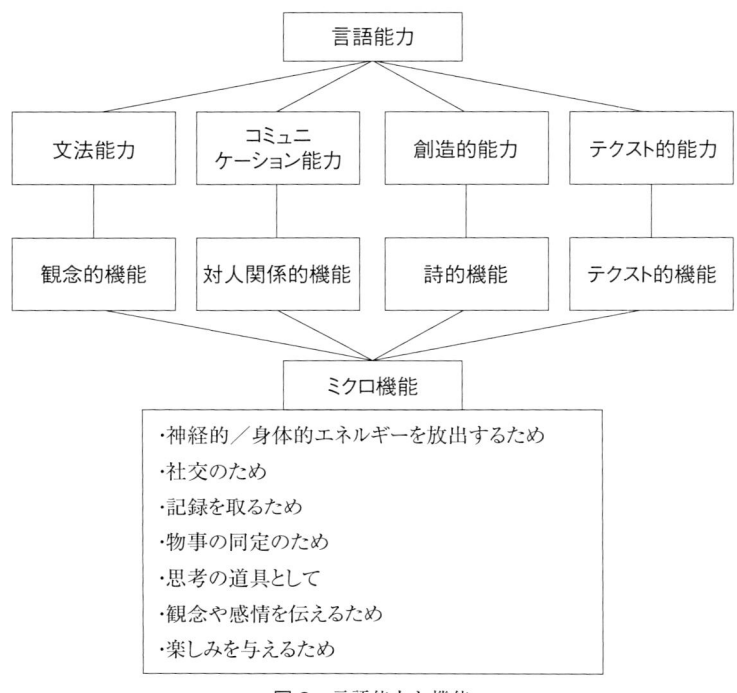

図3 言語能力と機能

言語能力に含まれる形になっている点がカナールとスウェインの考えと異なりますが，文法能力やテクスト（＝談話）能力を重視している点は一致しています．また，創造的能力をひとつの柱として立てて重視しているのは注目に値します．

以下の節では，これらの機能と能力にかかわる重要な項目であり，また言語学で大きな分野ともなっている，文法，談話，社会的言語について，より詳しく見てゆきます．また，最後には創造的能力に関して，言語の創造性についてまとめます．

3. 文法とは何か

前述のように，言語コミュニケーションを行う基礎に文法がありますが，文法は，大別すれば，音論（音声学と音韻論），統語論，

意味論の3つの部門に分けることができます．この3つの部門にそって，順に簡単に説明していきます．

(1) 音声とは ——音声学と音韻論

言語コミュニケーションを支える最も基本的な材料となっているのは，音声です．文明化された社会では，文字のおかげで，書きことばが発達しており，口頭による言語より高級なもののように位置づけられる傾向さえあります．しかし，書きことばも音声に大きく依存しているものであることを忘れてはなりません．言語学では，音声が言語の真の基礎であると考えることが多いのです．

言語学の一分野である「音声学」では，すべての外国語や方言の音をとりあつかいます．人間の口腔から発することのできる音は多様であり，それがすべて言語の素材として使われるわけではありません．1つの言語では，すべてのレパートリーの中のほんの小さい部分を用いるにすぎません．したがって，世界の言語を見渡してみると，奇妙と思えるような音も用いられます．（たとえば，息を飲み込むような音や，舌打ちのような音が大々的に用いられる言語もあります）．でも，変わった音を扱うのが本来の目的ではなく，「普通」の音声を見直し，その仕組みを見い出すことがより重要な目的であると言えます．自分の母語の発音を先入観にとらわれず，観察してみましょう．母音ひとつとっても，方言や個人的な癖など，「あ・い・う・え・お」だけで片付けられない微妙な違いがあることに気づくでしょう．

このように，言語音を作り出す調音器官（声帯・口腔・舌・唇など）の働き，各種母音・子音の調音法，アクセントなどについて分析するのが「音声学」です．

一方，このような音が，言語体系の中でどう働いているかという面に着目する立場があります．この言語学の分野を「音韻論」といいます．この立場からすると，「意味の違い」をもたらさない違いは機能的には無視してよいということになります．

このようにして「語の意味を区別できる最少の音声的単位」を抽出したものが,「音素」です.「意味を区別できる」というのがポイントで, 逆にいうと, 意味の区別に関係のない音の変化は同一視するということです.

　たとえば, 日本語の「kaki」と「gaki」を比べてみると,「柿」と「餓鬼」というように意味が違っているので, /k/ と /g/ は音韻対立をしているといいます. そして, /k/ と /g/ は, 別々の「音素」といってよいのです. この場合,「無声」か「有声」か, つまりいわゆる濁音かどうかが区別の特徴となりますが, このように他の音と区別する特徴を,「弁別特徴」あるいは「関与的特徴」といいます.

　それに対して,「k^{h}aki」というように, 息を激しく出しながら発音したらどうでしょう. 日本語としては確かにクセのある発音ですが, 意味が「柿」で無くなるということはありません. この k^h と k の違いのように, 呼気の放出によって出る〔h〕に似た音が伴うかどうか, つまり「有気」か「無気」かというのは, 日本語では意味の区別に関係がありません. ところが, 中国語などでは, k と k^h は音韻対立を作り出し, それぞれは /k/ と /k^h/ という独立した音素です. また, たとえば, 鼻にかかった母音とかかっていない母音では, 日本語では意味の違いはありません（甘えたような発音という場面的・個人的なニュアンスはあるかもしれません）が, フランス語では重要な違いとなっています.

　このように, 意味差をもたらす特徴を各国語について抽出して, 音が言語体系の中でどのように働いているかという一般的な法則を明らかにしようとするのが音韻論です.

(2) 統語論とは

　文とは, 語を組み合わせによって拡大したものであるといえます. 語の組み合わせから無限のパターンが生まれます. もし, 人類が語と語の組み合わせという道をとらず, すべてを単語だけで表そうとしていたとしたら（これは「一語文」といって, 幼児の言語発達の

初期にはあらわれます),限られたコミュニケーションしかできなかったでしょう.

このようにして,語と語を組みあわせて文に組み立てていくには,パターン,言い換えれば,一定の規則が必要となります.その文の組み立て規則を,「統語規則」といい,言語学では「統語論」と呼ばれる分野で扱います.

このような規則は必ずしも自覚されているとは限りません.我々には「文法的直感」というものが備わっており,その文法的直感によって,あらゆる文の文法性,曖昧性,類義性,類似性を判断できるのです.

たとえば,英語の名詞句は「冠詞+名詞」という構造でできているということは,英語を母語とする者であれば誰でも暗黙のうちには知っています.「名詞+冠詞」の語順になったとき,文法的でないことがすぐにわかります.しかし,それは直感的なものであり,そのルールがどんなものかをあらためて聞かれると即座に答えられる人は少ないのです.日本語の例では,助詞の「ハ」と「ガ」は,日本語を母語とする人であれば自然に使い分けができていますが,そのルールをはっきり説明できる人はあまりいないでしょう.

このようなルールを明示的な形で説明するのが統語論の役割です.統語論は,話者の文法能力を形式的に記述したものであるとい

コラム:言語普遍性

世界の言語は多種多様ですが,共通の法則があり,これを言語普遍性といいます.たとえば,SVO(主語-動詞-目的語)の語順をとる言語は,前置詞を使い,それに対し,SOV(主語-目的語-動詞)の語順をとる言語は,後置詞(日本語ではいわゆる「助詞」)を使うという世界の言語に共通の法則があります.

例　日本語　彼は学校へ行く.(SOV)
　　英語　He goes to school.(SVO)

うことができます．

　統語論にはいくつかの考え方がありますが，その代表的なものがアメリカの言語学者チョムスキーによって創られた「生成文法」と呼ばれるものです．生成文法の考え方のひとつの特徴は，上に述べたような話者の文法能力が，遺伝的なものであると考える点にあります．

　生成文法では，コラムにあるような「言語普遍性」を説明するために，人間の脳には，人類共通の文法が遺伝的に書き込まれているのだと考え，それを「普遍文法」と呼んでいます．生成文法は，この普遍文法にはどのような一般原理があるのか，また，日本語と英語のような，言語による違いはどのように説明されるかを，明らかにしようとしています．

(3) 意味論とは

　記号としての言語は，表す素材としての音声と，表される内容としての意味が結びついたものです．意味は，簡単に言うと事物に対する心的イメージといってもよく，音声はこの意味を介して事物と結びつきます．言語の意味や意味の変化などを研究する言語学の部門を「意味論」といいます．

　ここで，意味にはどのような種類があるかを見てみましょう．英国の言語学者リーチは「意味」の7つのタイプを表1のようにまとめています（リーチ，1974，訳書 p.30）．

　リーチは，(1)の概念的意味だけに限定される，狭義での「意味」と区別して，これら7タイプすべてを含む，広義での「意味」を「伝達的価値（communicative value）」と呼ぶことを提案しています．伝達の道具としての言語の役割を考えるとき，広義の意味すべてを考慮に入れなくてはなりません．

　①概念的意味とは，意味を構成する示差的特徴（すなわち，条件）のうち必須なものの総合をいいます．いわゆる狭義の意味（意義 sense）であり，「外延的意味」または，「知的意味」ともいいます．たとえば，英語の woman の意味内容は，〈人間〉かつ〈女

表1　意味の7つのタイプ

(1) 概念的意味, あるいは意義 (sense)		論理的, 知的, 外延的内容
連合的意味	(2) 内包的意味	言語が指示するものによって伝達されるもの
	(3) 文体的意味	言語使用の社会的環境について伝達されるもの
	(4) 感情的意味	話し手/書き手の感情および態度について伝達されるもの
	(5) 反映的意味	同じ表現の別の意味を連想することによって伝達されるもの
	(6) 連語的意味	他の語との慣用的な結びつきによって伝達されるもの
(7) 主題的意味		語順や強調を用いてメッセージを構成する仕方によって伝達されるもの

性〉かつ〈成人〉の三つの条件からなり，このうち一つを欠いてもこの語の意味は成り立ちません．この場合，この3つの必須条件の束が，概念的意味です．

②内包的意味とは，ある表現によって指示される事物から伝達される意味のことです．たとえば，woman の内包的な意味では，心理的・社会的特質（「社交的」，「母性本能に従う」），単に典型的なだけの特徴（「おしゃべりの能力がある」，「料理経験を積んでいる」）などが伝わってきます．これらは概念的意味のように本質的なものというよりは，偶有的なものであり，不安定なものであるため，上述の woman の意味に対し「そんな意味を感じない」という人がいても不思議ではありません．

③文体的意味とは，その言語表現を用いる際の社会的環境について伝達される意味です．「詩的」，「俗語的」，「幼児語的」，「方言的」などの区別がこれに当たります．たとえば，「ずらかる」と「逃亡する」は，同じ概念的意味を共有していますが，前者の文体的意味は俗語的で話し言葉的で，後者は，形式的で

書き言葉的です.
④感情的意味とは，話し手の聞き手に対する態度や，話題にしている事柄に対する態度・感情などです．たとえば，「ああ！」というような間投詞は直接驚きを示します．「うるさい！」と言うときは，不快な感情を示しているし，「静かにしてくれないかなあ」と言えば，もう少し穏やかな態度を表しています．
⑤反映的意味とは，同じ言語表現が複数の意味を持つとき，別の意味が連想されることを指します．この顕著な例は，ある語が普通の意味とタブー語としての意味をもっている場合です．普通の意味で使おうとする場合でも，タブー語としての意味が意識されるため，余計な連想が生じて，使いにくくなってしまうことがあります．
⑥連語的意味とは，他の語と慣用的に結びついたときに生じる意味です．たとえば，「赤犬」，「ブルーになる」の「赤」，「ブルー」の意味は，単独で「赤」，「ブルー」と言った場合とは異なります．また，英語の「pretty」と「handsome」は「器量がよい」という意味では共通していますが，連語的連想の違いによって，異なる種類の魅力を暗示しています（例 handsome woman と

コラム：ことばの意味を測る——SD法

SD（セマンティック・ディファレンシャル）法は，アメリカの心理学者オズグッド（1957）が，感情的意味を測定しようとして考案した方法です．この方法では，被験者に相反する形容詞対，たとえば「美しい―醜い」，「大きい―小さい」を15～20ほど組にして提示し，測定したい対象（たとえば「woman」）の印象を7段階（程度）の尺度で評定させます．その結果，その意味内容が，評点のプロフィールで示されます．さらに，評定結果に統計解析の手法の一つである因子分析を用いることで，測定した語の意味の背後にある基本的な意味成分を抽出することもできます．

pretty woman の違い).

⑦主題的意味とは，語順，焦点，強調などの，メッセージの組み立て方の違いによって伝達される意味です．たとえば，「私はこの本を買った」と「私が買ったのはこの本だ」では，強調されるポイントに違いがあります．

現在，⑥，⑦にみられるような，語彙的な意味以上のレベルでの研究，文レベルでの意味の研究が盛んになっています．その代表的な例が，後で取り上げる語用論的意味であり，文字通りの意味とは別の意味（言外の意味）を伝えています．

(4) 意味の曖昧性・多義性

意味の曖昧さは，コミュニケーションにおいて誤解のもとになるので，重要なテーマです．意味が曖昧である場合には2種類あります．ひとつは，もともとあやふやで不明瞭である場合（「漠然性」vagueness; いわゆる「アバウトな表現」）です．これは伝える内容をはっきりさせない限り曖昧さを解消することはできません．もうひとつは，内容は明確でも複数の意味が取れる場合（「曖昧性」ambiguity）です．「多義性」（両義性）ともいいます．この場合は，言語の使い方について注意を払うことで，誤解を避けることができます．

曖昧性の中で，単語自体に曖昧性がある場合を「語彙的曖昧性」といいます．この場合，同一の語形が2つ以上の意味をもちます．たとえば，別な語なのに音が同じ場合を「同音異義（homophone）」といいます．発音が同じで表記と意味が異なるものの他，表記も同じものを含める場合もあります．

> 例　ハ（刃／歯／葉）が落ちた．きれいなクモ（雲／蜘蛛）だ．カガク（科学／化学）．シリツ（市立／私立）．ノゾク（除く／覗く）．

日本語では特に漢語に多く，誤解のもとでもありますが，シャ

レなど言葉遊びにも使われます．

　また，同じ語形で，意味が複数ある場合を多義性（polysemy）といいます．

　　例　勉強する（学習する / オマケする）．殺す（味を殺す / 虫を殺す）．うまい（上手 / 美味しい）．

4．談話

　実際の言語使用では，文は文よりも大きなまとまりに組織されて用いられます．

　その大きなまとまりは，話し言葉であれば，「会話・談話」であり，書き言葉であれば，「文章」と呼ばれるものです．言語学では両方をまとめて，「テクスト」と言う場合もあります．このレベルでは，これまで見たきたものとは別のルールが働くことがあります．

　たとえば，会話には，ことばを使っている人間の意図が込められています．したがって，辞書を見ても意味が通じない場合には，その「人間」の意図というところまで戻って考えなくてはなりません．

（電話での会話１）
「おとうさんはいらっしゃいますか」
「はい，ちょっとお待ちください」

　上の会話は，極めてあたりまえで，何も変わった点は見当たらないと思うでしょう．しかし，実はかなり高度なことが行われているのです．それは，次の会話と比べてみればわかります．

（電話での会話２）
「おとうさんは，いらっしゃいますか」
「はい」
「……（ちょっとした間）それでは，呼んでいただけますか」

「はい」

　これは，幼い子供が電話に出たときなどによく起こることです．「いらっしゃいますか」と聞かれれば，「います」，「おります」，「はい」と答えるのは文法的に正しい答えです．しかし，その段階で会話１のようにおとうさんを呼ぶということに気がつくのが，「気がきいた」会話です．相手がどういう意図で言っているかまで考えるのが，通常のおとなの言語使用であるということがわかります．

（電話での会話３）
　「おとうさんはいらっしゃいますか」
　「はい，ちょっとお待ちください」
　「私が聞いているんだから，ちゃんと質問に答えなさい．おとうさんはいるのですか，いないのですか．」

　これは，意地悪な返答です．文のレベルの文法では一応筋が通っているのだから困ります．文法練習では，
　「おとうさんはいらっしゃいますか」
　「はい，おります」
というように練習するので，形式的には文句のつけようがありません．このことが逆に，通常の会話ルールが文法ルールと違うことを示しているとも言えます．
　このように，実際の会話には，言語だけではなく，「意図」のような心理的要因が入ってきます．また，社会的な状況も大きく影響しています．

(1) 語用論とは
　よく「言葉は生き物だ」といわれます．具体的な場面では，辞書にも文法書にも書いてないような意味が出てくることがあります．たとえば，怠けて昼寝している人に対し「君はよく働くね」というと，

怠けているねという意味にしかなりません（いわゆる皮肉）．また，「ちょっと寒いですね」には，暖房を入れてくださいという意味が込められていることがあります．

このような，文脈に依存した言語現象を扱うのが「語用論」（pragmatics）です．

(2) 協調の原理 —— 明瞭性重視の原則

言語の運用能力の1つは，言語伝達を明確に行なうことです．その目的のために，基本的には，私たちは明瞭に伝達ができるように協力しあっています．そういう意味で，会話は，話し手・聞き手の共同作業です．会話をする際の話し手同士の協力を，哲学者のグライス（1989）は，以下のような「協調の原理」としてまとめています．

> 協調の原理：「あなたの発話を，それが生じる会話の段階において会話の目的や方向が要求するようなものであるようにせよ」

協調の原理に基づいて，会話には基本的な原則があらわれることになります．「会話の原則」とは，「人びとが知っていて，会話のやりとりの形式に影響を与える暗黙の会話の規則（会話の一定の作法・決まり）」のことです．この原則には以下のⅠからⅣまで4つあり，これらによって，明瞭さと簡潔さが保証されます．

グライスの会話の原則

Ⅰ．量の原則：
 1．必要とされるだけの情報を与えなさい．
 2．必要とされる以上の情報を与えてはならない．
Ⅱ．質の原則：
 （上位原則）真実を話すように努めなさい．
 1．誤りと思われることを言ってはならない．

2. 十分な証拠のないことを言ってはならない．
Ⅲ．関係の原則：
   1. 発話を関係性があるようにしなさい．
Ⅳ．話し方の原則：
   （上位原則）はっきりとわかるような言い方をしなさい．
   1. 不明瞭な言い方（obscurity）を避けなさい[2]．
   2. 多義的な言い方（ambiguity）を避けなさい[2]．
   3. 簡潔に言いなさい（必要以上にくどくならないようにしなさい）．
   4. 発話を秩序正しくしなさい．

これらを守っていない会話は，会話の原則への違反となります．これらの原則は，我々が会話において日常的に実行している原則を明示的に示したものであって，本来はエチケットやマナーのようなものではありませんが，我々の日常の会話を反省するチェックリストとしても有用です．

(3)「会話の原則」の見かけ上の違反

会話の原則のさらに興味深い現象は，それらを破った場合にあらわれてきます．

子供「ミカちゃんちで，子ネコを飼いはじめたんだって．うちでも欲しいなあ．」
母親「勉強しなさい，勉強を！」

この会話をみると，母親は子供の言っていることに答えていません．だから，関係の原則に反しています．ところが，母はコミュニケーションをとるという協調の原理を放棄しているわけではなく，むしろあることを積極的に伝えているのです．つまり，「猫なんかかってあげられません．遊んでいる暇があるなら勉強をしなくてはいけ

ないはずでしょう」ということを伝えているのです．

　このような例を会話の原則の「見かけ上の違反」といいます．見かけ上の違反が生じるとき，ことばの表面の意味ではなく，「言外の意味」が生じます．このような，含みとしてでてきた言外の意味を，「会話の含意」と言います．

　どうして見かけ上会話に答えていないようなことばからも意味をくみとってしまうかの理由が，「協調の原理」なのです．相手はまともな普通の人であり，無関係なことを言っているようではあるが，実は深いところで関係のあることを言っているはずだ……．そういう期待を支えているのが協調の原理です．そのような期待のもとに，さまざまな推理を働かせて相手の伝えようとしていることをくみとろうとしているのが，私たちの日常生活なのです．

他の例．
　「映画に行こうよ」（誘い）
　「明日の朝，試験があるんだ」（表面的には無関係な答え．しかし
　　言外の意味は拒否です．「行きたくない」，「行かないよ」，「行け
　　ない」などの答えと比べてみてください．）

　「この部屋は暑いですね」
　「ああそうですね」（言外の意味に気づいていません．）
　「冷房をいれてください」（「暑い」と言った意図をはっきりさせ
　　ています．）

　「最終バスがいってしまったし，タクシーもつかまりそうにあり
　　ません」と，自動車を持っている人に言った場合
　（そのこころは，「車に乗せてください」です．）

　これらを意味のあるものとしているのは，会話の原則に照らして再解釈しているためです．私たちは，よほどのことが無い限り「相

手は会話の原則を守っているはずだ」と解釈します．

別の例．
「彼はよく働いていますか」
「タイムカードはきちんと押しに来ますね」（「たいした仕事はしていません」という皮肉の意味になります．）

これも言外の意味を考えないと，関係の原則を破っているように見えるでしょう．

「ティッシュペーパーある？」
「はい，どうぞ」（形式的には「あるよ」というワンステップがあるはずなのですが，これでもなりたちます．見かけ上の違反です．）

しかし，以下の例は似ているのに変です．なぜでしょうか？

「ダイヤの指輪ある？」
「はい，どうぞ」（と与えてくれる人はあまりいないでしょう．）

これをみると，言外の意味が成立するには，一定の条件を満たさなくてはならないことがわかります．このような条件を含め，グライスとは別の角度から考究したのが哲学者オースチン(1962)やサール（1969）の「発話行為論」です[3]．

まとめると，「言ったこと」は，「意味しようとしたこと」ではなく，あくまでも伝達のための素材でしかありません．伝達の意図をくみ取るためには，「推論」が要求されます（図4）．ここで，我々がことばの意味を知るときには，単なる言語だけではすまされないこと，また，意図の理解とは相手のことばの背景・状況などを考慮しつつ行われる，心理的・社会的なプロセスであることがわかります．「含蓄」，「含み」などといわれる現象がここにあります．

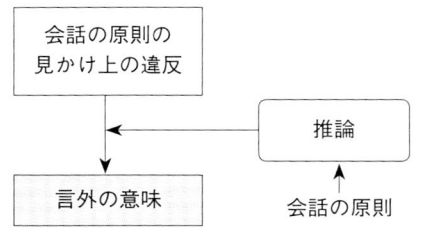

図4　会話の含みを推測するしくみ

(4) ていねいさの原理 ——対人関係重視の原則

　会話の原則の「関係の原則」によれば，ずばりと関係のあることを言うべきだ，ということになります．そうすればわかりやすい表現になるからです．しかし，実際の言語表現をみるとそうでないものが多いのはなぜでしょうか？

　はっきりと言うとわかりやすいけれど，相手を傷つけたり，面子をつぶしたりすることがしばしばあります．そのときには，わかりやすさを犠牲にしても間接的な言い方をしたほうがよいことになります．そこで登場するのが，「ていねいさの原理」です．

　会話の原則についてあらためて整理しなおしてみると，以下のようになります（小泉, 1993）．

会話の能力の2つの原則
　①協調の原理＝明瞭性重視の原理……言語伝達を明確に行うため
　②ていねいさの原理＝対人関係重視の原理……言語伝達を円滑に
　　　　　　　　　　　　　　　　　　　　　　　行うため

　この2つは，車の両輪のように相補的な関係にあると考えられます．

5. 言語と社会

　社会の中で用いられている言語を考えるとき，言語は文法書に書

いてあるようなものというよりは，他のさまざまな「行動」と協調して行われる，ひとつの行動，つまり「言語行動」として捉えることが重要です．

　社会とのかかわりの中で言語現象をとらえようとする言語学の分野に，「社会言語学」があります．社会言語学は，言語教育，言語技術，言語政策，または言語情報処理などの課題に対して，抽象的な言語体系の研究では得られなかった具体的な知見を与えてくれます．また，社会言語学は，人間のすべての種類のコミュニケーションの体系の中で，言語コミュニケーションの位置を明らかにするために役立ち，言語行動についての統一的なモデルを考える場合にも必要とされます．

　社会言語学が扱っている主な分野をあげてみると，以下のようになります．

　①言語行動（ことばを使うイベント，人間関係とていねいさ，発話行為，会話など）
　②言語変種（言語の年齢差，性差，集団・階級差など）
　③言語社会（社会的ネットワークと使用可能な言語の目録など）
　④言語接触（言語摩擦，二言語併用，外来語，言語の消滅など）
　⑤言語変化（時代による言語の変化のしくみなど）
　⑥言語意識（言語への忠誠度・恥ずかしさ，アイデンティティー，差別語）
　⑦言語的不平等（言語による教育・就職などでのハンディキャップ）
　⑧言語政策と言語計画（国語の決定と整備・標準化）

　これらの中から，コミュニケーションにとって特に重要と思われるいくつかの項目について見てゆきます．

(1) 言語行動

　言語行動は，極めて具体的な営みです．具体的な場面において，ある言語形式，あるいは言語記号が選択され使用されて，それによっ

て起こる伝達行動を「言語行動」というと考えていいでしょう．

　言語行動の諸構成要素をいろいろな観点から類別していったとき，ある定型性が認められます．この認められた型を「言語行動様式」と呼びます．

　それを取り扱っている代表的な研究に，アメリカの社会言語学者ハイムズ（1974）の「ことばの民族誌」の研究があります．この研究では，ことばを使うということをコミュニケーションの中に位置づけ，発話に参加する人と社会的な文脈の中で考えます．同じ言語・方言を用いる社会それぞれについて，どんな種類のことばのイベント（スピーチ・イベント）があるか，その目録を作り，その構成要素と機能を明らかにしようとします．その際に着目するべき要素として，ハイムズは，「SPEAKING」を提唱しています．これは，以下のような，発話にかかわる8要素の頭文字をとったものです．

①状況（Situation）……発話行為の環境と場面
②参加者（Participant）……話し手・聞き手・聴衆など
③目的（End）……目標と成果
④行為連続（Act sequence）……伝達内容と形式（「何」が「いかに」言われるか）の連続
⑤基調（Key）……行為がなされる調子・方法など（例：「からかい」対「真剣」，「おざなり」対「念入り」）
⑥手段（Instrumentalities）……チャンネル（口頭，文字，電信など），発話の形式（どんなスタイル・変種を用いるか）
⑦規範（Norm）……談話を支配している規則（話をさえぎってはいけない／自由にさえぎってもよい，私語はささやき声／普通の声，話をする順番の割り当てなど）および解釈規範（言いよどんだとき発話の最初から言い直すのはおかしいと思われるか，など）
⑧ジャンル（Genre）……詩，神話，物語，ことわざ，悪口，祈り，演説，コマーシャル，論説など

発話行為はこれら諸要素の一部が変わるだけで，意味合いが変

わってしまうことがあるため，全体に目配りをしなくてはなりません．家庭や学校や仕事場など，私たちの普段のコミュニケーション場面には，さまざまなことばのイベントが含まれているので，これらの観点から見直してみると発見があるでしょう．

(2) 言語変種

「言語変種」とは，ことばの使い手によるさまざまな違いです．言語変種には方言という地方によるばらつき（正確には「地域方言」という）もあるし，職業・性別・世代によるばらつき（「社会方言」ともいう）もあります．スタイルというのも，言語変種のひとつです（図5）．

言語変種 ┌ 地域方言（dialect）……地域による異種・変種
　　　　├ 社会方言（sociolect）……社会・グループによる異種・変種
　　　　└ スタイル（style）……用法による異種・変種

図5　言語変種の種類

　言語変種は，旧来の言語学では方言学や文体論のなかで細々と扱われるだけで，理論言語学の中では理想的なデータからの逸脱として切り捨てられていました．

　しかし，1960年代後半から，アメリカの社会言語学者ラボフなどの「社会方言」の研究により，言語変種が社会的環境に条件づけられる様子を明らかにすることこそ，言語研究の本質であるとする社会言語学の一方向が立てられました．

　たとえば，ラボフ（1966）はニューヨーク市の人びとが母音の後の/r/を発音するかしないかなどという言語変種の問題を，話者の社会階級や性差などとの相関関係において観察し，その結果，社会階級意識などが言語変種を条件づけていることを明らかにしました．

　また，「ことばの使い方・用法」によるバリエーションのことを，「スタイル（文体）」といいます．難解なことばで長い文を用いるというのもひとつのスタイルですし，易しいことばで短く文を運ぶのもまたひとつのスタイルです．

いろいろなスタイルは,以下のような要素の組み合わせによって,種類が分かれています.
　①役割関係（送り手と受け手の関係）：形式ばった,形式ばらないなど.
　②媒体（伝達手段）：話しことば,書き言葉など.
　③領域（言語活動の種類）：報道,技術文書,解説,広告,法律など.
　ことばを適切に用いるには,スタイルを上手に選択し,切り替えることが大切です.たとえば,友人同士でのコミュニケーションに有効なスタイルであっても,不特定多数の読み手のいる文章では不適切になってしまいます.目的に応じて適切なバリエーションを選択し,使い分けることが,コミュニケーション能力が高いということです.

(3) 言語変種の切り替え

　同じ情報を伝えるために,私たちは何通りもの言い方をもち,その中から具体的な状況に最も適した言い方を選ぶという操作を絶えず行なっています.すなわち,「いつ」,「どこで」,「誰が」,「誰に」,「どういう言い方で」,「何を」話すかなど,言語外の諸要因に対応して実際の発話がなされています.
　コミュニケーション能力の大きな役割は,これらの「言語変種」から適切な選択ができることです.言語変種の切り替えを「コード切り替え」といい,適切なコミュニケーションにとって重要です.言語変種が不用意に混ざってしまうことを「コード混合」といいますが,これはコミュニケーションの妨げとなりやすいのです.たとえば,面接場面に慣れない人が,改まったことば遣いの中でついくだけたことばが混ざってしまうのも,二言語併用者が不用意に外国語を混ぜてしまうのも,コード混合の一種です.

6. 言語の創造性

　言語には本来無限の文を作り出せるという「無限性」があり,さらに創造的な新しい表現をつくりだすことができます.新しい事物

が生じたときには，それに応じた表現を作り出さざるを得ず，言語の創造性が必要となります．

創造性の一方では「定型性」があります．たとえば，「いらっしゃませ」，「ありがとうございました」といった挨拶ことばは安定した社会的交互作用をもたらすために有効ですが，一方では無味乾燥で硬直した形式主義にもなりかねません．それを打ち破るのが創造性です．

表現には生命があり，最初は斬新な表現であったものも，しだいに「陳腐な言い方」といわれるようになります．そこで新しい言い方が工夫されることになります．その代表例が，以下に示す「比喩」や「異化表現」です．そのようにして言語表現は，次々に新しいものが創造されることが続くという運命を持っています（もちろん古いものがリサイクルされて，新しい命をもって使われることもあります）．

(1) 比喩

前述のように，創造的能力とヤーコブソンの詩的機能には対応関係がありますが，詩的機能において重要なテーマとなっているのが，比喩です．ことばの意味が本来の意味を超えて拡張されてゆくために，比喩は大事な働きをしています．

ヤーコブソン（1963）は，比喩の代表的な手法として次の2つを挙げています．

①隠喩（metaphor）……あるものを表すのに，それと原理的，時間的，空間的に関係のある語をあてて表現する修辞法．
　　例　「時は金なり」（時間の貴重さを示すのに，お金にたとえている）．
②換喩（metonymy）……二つの事物が互いに密接な関係，たとえば原因と結果のような関係にあるとき，表現効果を高めるために，一方を表す語（句）を用いて他方を表現する修辞法．
　　例　「一升瓶を平らげる」（内容物である酒を示すために，

容器である「一升瓶」で表現している).

実際の言語表現では,これらの表現手法が単独に用いられるばかりではなく,複合的に組み合わされて応用されていることもあります.

(2) 異化表現

「異化」とは,習慣化し見慣れたものとなってしまったことば・形式を新しい文脈においたり,あるいは新しく造語を行なったり,忘却されていたことば・形式を用いるなどして,作品のことば・形式を見慣れぬもの,新奇なものにすることです.

普通の言語使用では,メッセージそのものに注目するということ

コラム:広告に表れた比喩と異化

図6は,カンヌ国際広告賞を受賞した作品です.これは,ブドウの房に見えますが,実は貝が鈴なりになったものという,だまし絵になっていて,意外性を与える「異化表現」の好例といえます.また,貝はシーフードの「換喩」です.またブドウはワインの材料ですから,これもワインの「換喩」です.さらに両者が合体されていることで親和性の高さ(シーフードと共に飲むのにこの白ワインが好適であること)を暗示しています.

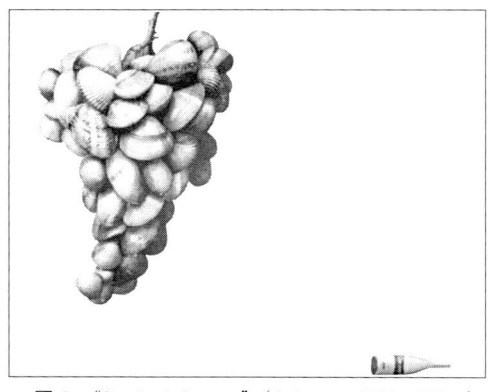

図6 "Seafood Grapes" (Cabomar White Wine)

は少なく，意味がいわば自動的に処理されていることが多いので，繰り返し見聞きしたメッセージは，頭を素通りするようになります．文学理論では「自動化」と呼ばれる現象です．ここで珍しい表現形式を見聞きすると，またメッセージに新しい注意を向け，新鮮な意味を感じ取れるようになります．このようにメッセージそのものへ注目を喚起するために用いられるのが，異化表現です．

7. おわりに

以上概観してきたように，言語コミュニケーションは，狭く言語だけにとどまらない総合的な活動であるといえます．コミュニケーションを構成する要素は，文法的な文，一貫性があってつながりのある談話，社会的に適切なコード等というように分けることができますが，実際の運用に際しては，それらが絡み合っています．特に「文法」に関しては，言語規則を正確に知るという能力は確かに重要な基礎ですが，それ以外の能力も大事な働きをしていることを忘れてはならないでしょう．

また，言語コミュニケーション能力というものを考えるとき，個人の内部だけの能力を考えるのでは充分ではありません．コミュニケーションの相手も含めた文脈や場面を考える必要があります．

【注】
1）ただし，言語はコミュニケーションの道具であるといい切れるかというと，それ以外の面もあります．たとえば，言語それ自体の美しさを追求した文学作品や，言語の使用そのものに目的があるような場合があります．そのような例外はあっても，ことばはコミュニケーションのための手段であるというごく普通の見方は，大方のところで間違ってはいないといえます．
2）「不明瞭な言い方」と「多義的な言い方」は，P.15 で述べた「漠然性」と「多義性」に対応しています．
3）上の例について言うと，「依頼は，話し手が聞き手の行為を必要とし，

聞き手にその能力があると思われるときに効力をもつ」という条件を満たしたときだけ有効となります．したがって，聞き手がダイヤを気軽にくれる能力のある場合でない限り，この会話は，成り立ちません．

【参考文献】

[1] 小泉保『日本語教師のための言語学入門』大修館書店，1993．
[2] Austin, J. L. *How to do things with words*. Oxford University Press. 1962. 坂本百大訳『言語と行為』大修館書店，1978．
[3] Bühler, K. *Sprachtheorie*. Fischer, 1934. 脇坂豊他訳『言語理論』クロノス社, 1983.
[4] Canale, M. & Swain, M., "Theoretical bases of communicative approaches to second language teaching and testing", *Applied Linguistics*, vol. 1, 1980.
[5] Finch, G. *How to study linguistics*. Macmillan Press, 1998.
[6] Grice, P. *Studies in the way of words*. Harvard University Press, 1989. 清塚邦彦・飯田隆訳『論理と会話』到草書房, 1998.
[7] Halliday, M. A. K. *Language as social semiotic*. Edward Arnold, 1978.
[8] Hymes, D. *Foundations in sociolinguistics—An ethnographic approach*. Tavistock Publications, 1974. 唐須教光訳『ことばの民族誌 ― 社会言語学の基礎』紀伊国屋書店, 1979.
[9] Jacobson, R. "Closing statement: Linguistics and poetics", Sebeok, T. A.（ed.）, *Style in Language*, MIT Press, 1960.
[10] Jacobson, R. *Essais de linguistique générale*. Minuit, 1963. 川本茂雄監修・田村すゞ子・村崎恭子・長嶋善郎・中野尚子訳『一般言語学』みすず書房，1973．
[11] Labov, W. *The social stratification of English in New York City*. Center for Applied Linguistics, 1966.
[12] Leech, G. *Semantics*. Penguin, 1974. 安藤貞雄監訳『現代意味論』研究社出版, 1977.
[13] Osgood, Ch., Suci, G. J. & Tannenbaum, P. H. *The Measurement of meaning*, University of Illinois Press. 1957.
[14] Searle, J. R. *Speech act*. Cambridge University Press. 1969. 坂本百大・土屋俊訳『言語行為』勁草書房，1986．

第2章
非言語コミュニケーション

佐久間勲

1. 対人コミュニケーションと非言語コミュニケーション

　人と人とが音声，身体，事物などを用いて心理的に意味のあるメッセージを伝え合うことを対人コミュニケーションといいます．心理的に意味のあるメッセージとは知識，意見，感情だけではなく，儀礼的な応答（たとえば，あいさつ）や日常の会話なども含んでいます（大坊，1998）．

　こうした対人コミュニケーションはさまざまなチャネル（伝達手段）を通して行われます．たとえば，あなたが誰かに好意を伝える場面を想定してみてください．あなたならどのようにして自分の好意を相手に伝えるでしょうか．ある人は直接相手に「好きだ」と言うかもしれません．ある人はラブレターを書いて自分の好意を伝えるかもしれません．またある人はその人のことを遠くからじっと見つめることで好意を伝えるかもしれません．このようにある対人コミュニケーションで使用するチャネルはひとつではなく，さまざまなものがあります．

　それでは対人コミュニケーションのチャネルにはどのようなものがあるのでしょうか．大坊（1998）は対面的な場面を基本とした対人コミュニケーションのチャネルを図1の通りに分類・整理しています．これを見ると，まず音声を伴うチャネルと伴わないものに分かれます．音声を伴うもののなかには，内容や意味を表す言語的なチャネルと，声の大きさ，声の高さ，発言の速さ，沈黙など言語に随伴する近言語的なチャネル（パラ言語）が含まれています．一方，音声が伴わないチャネルには，視線，ジェスチャー（身振り），姿勢，身体接触，顔面表情などの身体動作，対人距離，着席行動などのプ

```
対人コミュニケーション・    音声的  1. 言語的    （発言の内容・意味）
チャネル                          2. 近言語的  （発言の形式的属性）
                                    a. 音響学的・音声学的属性
                                       （声の高さ,速度,アクセントなど）
                                    b. 発言の時系列的パターン
                                       （間のおき方,発言のタイミング）

                       非音声的  3. 身体動作
                                    a. 視線
                                    b. ジェスチャー,姿勢,身体接触
                                    c. 顔面表情
                                 4. プロクセミックス  （空間の行動）
                                    対人距離,着席位置など
                                 5. 人工物（事物）の使用
                                    被服,化粧,アクセサリー,道路標識など
                                 6. 物理的環境
                                    家具,照明,温度など
```

図1　対人コミュニケーション・チャネルの分類（大坊, 1998）

ロクセミックス（空間の行動），衣服，化粧，アクセサリーなどの人工物の使用,家具,照明,温度などの物理的環境などが含まれます．

このうち近言語的チャネルと音声を含まないチャネルを使用したコミュニケーションのことを非言語コミュニケーションといいます．

対人コミュニケーションにおいて非言語コミュニケーションがどれほど重要なものであるかは，マレービアン（1986）の研究に表れています．彼は自分自身の行った対人コミュニケーションに関する研究から,好意の伝達は次のような式で表現されると論じています．

$$\text{好意の総計} = \text{言葉による好意表現（7\%）} + \text{声による好意表現（38\%）} + \text{顔による好意表現（55\%）}$$

この式では，好意の総計の9割以上が非言語コミュニケーション

の影響によるものだと考えられています．たとえば，「数学できるんだね」というメッセージを否定的な声の調子で誰かに伝えた場合は，そのメッセージは皮肉が含まれたもの（つまり否定的なもの）として受け取られるのです．逆に，メッセージは否定的であるが声の調子が肯定的であれば，そのメッセージは肯定的なものとして受け取られるのです．

　本章では，このように対人コミュニケーションにおいて重要な役割を果たす非言語コミュニケーションを取り上げます．そして非言語コミュニケーションが対人コミュニケーションにおいてどのような役割を果しているかを説明していきます．

2. 非言語コミュニケーションと情動

　喜び，怒り，悲しみなどの情動の伝達には，言語コミュニケーションよりも，非言語コミュニケーションの方が適しているといわれています（深田, 1998）．ここではいくつかの非言語コミュニケーションのチャネルを取り上げ，それらのなかに情動がどのように表れるかを見てみましょう．

(1) 情動と表情

　表情は，私たちの体験している情動がもっともよく表れるチャネルです．情動と表情に関連についての研究で有名なエクマンは，情動によって表情にどのような違いがあるかを調べています（Ekman & Friesen, 1987）．彼は，顔面を3つの部分①眉毛・額，②目・まぶた・鼻の付け根，③顔の下部に分けました．そしてこれらの3つの部分が6つの基本的情動（驚き，恐怖，嫌悪，怒り，幸福，悲しみ）によってどのような動きをするかを記述しました．その概要を表1に示しました．たとえば，驚きの表情は「眉毛は曲がってつり上がり，眉毛の下の皮膚が緊張し，額に横じわができる．目は大きく開いて上まぶたが上がり，下まぶたが下がる．あごは下に落ちて口が開き，歯が見える．唇は緊張していない」と記述しています．

表 1　基本的情動の違いによる表情の違い〔Bull (1986) に基づき作成〕

	眉毛・額	目・まぶた・鼻の付け根	顔の下部
驚き	・眉毛は曲がってつり上がる． ・眉毛の下の皮膚が緊張する． ・額に横じわができる．	・目は大きく開いて上まぶたが上がり，下まぶたが下がる．	・あごは下に落ちて口が開き，歯が見える． ・唇は緊張していない．
恐怖	・眉毛はつりあがり，両方の眉毛が接近して，内側の角が寄り，外側の角がまっすぐ伸びたようになる． ・額に横じわが出来るが短い．	・上まぶたは上がるが，下まぶたはぴんと張って上がる．	・口は開く． ・唇は緊張して後方に引っ張られる．
嫌悪	———	・下まぶたの下にしわがより，まぶたは押しつけられる．	・鼻にしわがよる． ・頬が引きつる． ・上唇は上がるが，同時に下唇も上がって上唇に押しつけられる，あるいは下がってわずかに突き出される．
怒り	・眉毛は両方とも下がって互いにより，眉毛の間に縦じわがよる．	・両方のまぶたは緊張し，上まぶたは下がるが下まぶたは上がる． ・目は一点を凝視し，膨張したようになる．	・鼻孔は膨らむ． ・唇はしっかり閉じられるか，四角張った形で開かれる．
幸福	———	・下まぶたの下にしわがよって上がる． ・目じりに小じわができる．	・唇の両端が後ろに引っ張られて，口が開き，歯が見える． ・鼻から唇の両端の上までしわが走る． ・頬が上がる．
悲しみ	・眉毛の内側の角はつり上がって互いに寄り，眉毛の下の皮膚が三角形の形になる．	・下まぶたが上がったように見える．	・唇の両端は下に下がるか，震えているように見える．

これらの特徴を絵画化したものを図2に示しました．
　さらにエクマンたちは，あらゆる国の人たちが，図2のような特徴を持った表情から正確に情動を判断できるかを調べています．彼らは5つの国（アメリカ，ブラジル，チリ，アルゼンチン，日本）の人びとを対象に情動判断の実験を行っています．実験では，ある情動に対応した表情をしている人物の写真を見せて，その人物の経験している情動が6つの基本的情動のどれに対応するか回答を求めました．その結果，多少の差はありますが5つの国の人びとは，それぞれの表情から正しく情動を判断することができました（表2）．またエクマンたちはニューギニア南西部の高地の住民に対しても同様の実験を行い，それぞれの表情から正しく情動を判断できることを見出しています．これらの結果は，あらゆる国で同じように表情から正しく情動を判断することが可能であることを示唆しています．

驚き　　　　　恐怖　　　　　嫌悪

怒り①　　　怒り②　　　幸福　　　悲しみ

図2　6つの基本情動を描いた表情（Bull，1986）

表2 それぞれの表情を正しく判断した人の割合 (Ekaman & Friesen, 1987)

	アメリカ	ブラジル	チリ	アルゼンチン	日本
恐怖	85%	67%	68%	54%	66%
嫌悪	92%	97%	92%	92%	90%
幸福	97%	95%	95%	98%	100%
怒り	67%	90%	94%	90%	90%

(2) 情動と姿勢

授業中にある学生が興味を持って話を聞いているか，それとも退屈しているのかがわかることがあります．おそらく興味や退屈という情動が，ある非言語コミュニケーションのチャネルに表れているのでしょう．そのチャネルは姿勢です．これまでの実験では，わたしたちが退屈を感じているときや興味を持っているときに，姿勢に特徴が出ることが明らかになっています．ブル (2001) は実験参加者を椅子に座らせて，退屈を感じるビデオや興味が持てるビデオを数本視聴させ，ビデオの視聴後に感想を述べさせました．このときの実験参加者の姿勢を調べた結果，退屈なビデオを視聴したり，それについての感想を述べていたりするときは，「体を後ろに向ける」「頭を下げる」「一方の手で頭を支える」という姿勢を多くしていました．一方，興味があるビデオを視聴していたり，それについての感想を述べていたりするときは「体を前に向ける」「両足を後ろに引く」という姿勢を多くしていました．このように興味や退屈という情動は姿勢に表れるのです．

(3) 情動とパラ言語

情動は表情や姿勢といった視覚的なチャネルだけではなく，聴覚的なチャネル，たとえばパラ言語のなかにも表れます．デイビッツとデイビッツ (1959) はパラ言語が情動を伝達することを見出しています．彼らは，数名の実験参加者にある情動を体験しているつも

りでアルファベットの発音をさせました．そしてこの発音を録音したテープを別の実験参加者に聞かせて，発音をしている人の情動の判断を求めました．その結果，実験参加者は偶然以上の確率で発音をしている人の情動を正しく判断することができたのです．さらに情動によってパラ言語のいくつかの特徴が異なることも明らかにされています．ウォルボットとシェーラー（1986）は，プロの役者に4つの情動（喜び，悲しみ，怒り，驚き）の生起が含まれる場面を演じてもらいました．そして演じる情動の違いによってパラ言語の特徴に差が見られるかを観察しました．その結果，演じる情動よってパラ言語の特徴に差が見られました．具体的には，悲しみを演じるときは，弱々しく，低い声で，ゆっくりとした話し方をしていました．それに対して怒りは，強く，高い声で，速いスピードで話していました．このように情動はパラ言語にも表れるのです．

コラム：顔文字

電子メディア（たとえば，携帯電話やパソコンのメール）を使ったコミュニケーションは基本的に文字によるものです．こうしたコミュニケーションでは，表情，姿勢，パラ言語などの非言語的コミュニケーションを使用することができないので，情動を伝え合うことが難しいといえます．こうした問題に対処するために，電子メディアのユーザーは顔文字を利用しています．顔文字とはピリオドやアンダーバーなどの記号文字を使って表情を描いたものです．代表的な顔文字を下に挙げておきます．こうした顔文字を使用することで情動の伝え合いがスムーズに行われるのです．

顔文字	意味
(;_;)	悲しみ
(^_^)	喜び
(@_@)	驚き
(--#	怒り

代表的な顔文字（戸梶，1997）

3. 非言語コミュニケーションと親密さ

　非言語コミュニケーションの機能のひとつに親密さの表出があります（Patterson, 1995）．つまり対人コミュニケーションに関わる二人の親密さが非言語コミュニケーションに反映されるのです．具体的には，パラ言語，視線，対人距離，接触などのチャネルに親密さが表れるといいます（大坊，1990）．ここではそのうちの視線，対人距離，接触を取り上げて，それらのチャネルに親密さがどのように表れるのかを考えてみましょう．

(1) 視線と親密さ

　恋人同士が周囲のことをまったく気にせずに，お互いを見つめ合う光景を，誰でも一度は目にしたことがあるでしょう．こうした例からもわかるように，親密な関係にある二人は，お互いに視線を向け合う（視線交錯）のです．こうした傾向は実験でも見られています．ルビン（1970）は，愛情得点の高い恋人または愛情得点の低い恋人同士の会話を観察し，そのときの二人の視線を調べています．その結果，愛情得点の高い恋人同士のほうが視線交錯の時間が長いことを見出しました．マレービアン（1968）はコミュニケーションの相手に対する好意によって，視線を含む非言語コミュニケーションのチャネルにどのような違いが表れるのかを調べています．その結果，好意的な他者に対しては，より視線を向けることが明らかになっています．

　しかし視線には親密さの表出以外の機能もあります．たとえば，発言交代の手がかり（会話中に相手に視線を向けることで発言の交代を知らせる）や威嚇（相手に視線を向けることで相手からの攻撃を弱める）などです．したがって，状況によっては視線が親密さを表していないこともあります．

(2) 対人距離と親密さ

　対人距離とは二者間の物理的距離のことです．一般的に恋人同士や親子など親密な関係にある二人は対人距離を近づけることが知られています．リトル（1965）は親密な関係になるほど対人距離を近づけるかを実際に調べています．彼は実験参加者に 12 の状況（4 種類の場所 × 3 種類の対人関係）を説明し，それらの状況で対人距離をどのくらいとるかを調べました．対人距離は実際に人形を置いたり，現実の人間の立ち位置を決めることで測定しました．その結果，場所や測定方法にかかわらず対人距離は見知らぬ人，知人，友人の順で近くなっていました（表3）．つまり対人関係の親密さが増すほど対人距離が近くなったのです．マレービアン（1968）の実験でも同様の結果が得られています．

　ただし視線と同様に，対人距離が近いことが必ずしも親密さを表しているとは限りません．たとえば，相手に身体的な攻撃を加えるときには対人距離を近づける必要があります．こうした場合でも対人距離は近くなりますが，それが親密さを表していないことは明らかです．また対人距離は関係の親密さだけではなく，場面に応じて決まることもあります（コラム参照）．

表3　条件ごとの対人距離の平均値（Little, 1965）

	オフィス	ロビー	大学構内	通り
友人				
現実他者	18.5	13.7	15.9	13.7
人形	11.0	7.7	7.5	8.7
知人				
現実他者	30.6	25.6	26.6	26.1
人形	18.5	14.2	13.9	13.4
見知らぬ人				
現実他者	41.8	34.1	30.9	30.5
人形	24.1	16.7	16.6	16.6

（注）数字はインチ．

(3) 身体への接触と親密さ

親密さは身体への接触というチャネルにも表れます．この問題について，ジェラード（1965）は大学生を対象に調査をしています．彼は体をいくつかの部分に分けて，過去1年間に4人の対象人物（父親，母親，同性の友人，異性の友人）から，それらの部分を触れられた経験があるかを尋ねています．その結果を図3に示しました．色が濃いほど触れられた経験のある人の割合が多いことを意味しています．これを見ると両親や同性の友人と，異性の友人の間にある特徴が見られます．まず異性の友人からの方が触れられている範囲が広いこと，そしてもうひとつは両親や友人では体の末端に触れられていることが多いのに対して，異性の友人では体の中心部に触れられていることが多いということです．親密な関係にある場合，単に体に触れるだけではなく，触れる範囲が広く，そして体の中心で

コラム：4つの距離帯

ホール（1970）はアメリカ合衆国のある地域における観察と面接の結果から，4つの距離帯があることを指摘しています．さらに4つの距離帯を近接相と遠方相に分けています．それぞれの特徴は表の通りです．場面によってふさわしい対人距離が存在すると言えます．

表　ホール（1970）の4つの距離帯（松尾，1999）

		近接相		遠方相
密接距離		愛撫，格闘，慰め，保護の距離．	14〜45cm	手に触れたり手を握ったりできる距離．
個体距離	45〜75cm	相手を抱いたり捕まえたりできる．	75〜120cm	身体的支配の限界．
社会距離	120〜210cm	一緒に働く人びとが用いる傾向がある．	210〜360cm	格式ばった社交用のための距離．
公衆距離	360〜750cm	すぐ逃げることのできる距離．	750cm〜	顔の細かい表情や動きが感じとれなくなる．

男性

女性

母親　　父親　　同性の友人　異性の友人

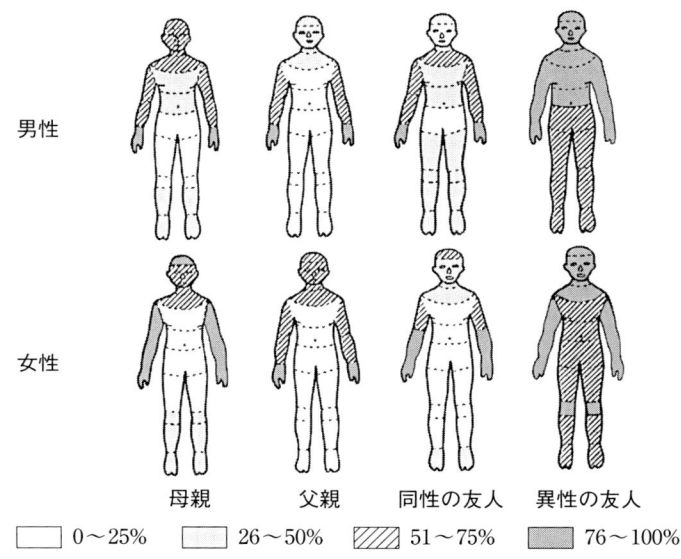

☐ 0〜25%　▨ 26〜50%　▨ 51〜75%　■ 76〜100%

図3　身体接触の部位（Jourard, 1966　大坊, 1998より抜粋）

あることがわかります．

(4) チャネル間の関係 ——親和葛藤理論

　親密さを表すチャネルは，視線，対人距離，接触を含めて，さまざまなものがあります．アーガイルとディーン（1965）の提案した親和葛藤理論（affiliative conflict theory）は，主に視線行動を説明するためのものですが，この理論では親密さを表すチャネルの間の関連についても言及しています．この理論の概略は次の通りです（大坊，1995）．

①相手に視線を向けることによって自分の行動についてのフィードバックを求めようとし，相手との関係を強めようとする親和欲求の表れである接近の力と，見られることによって自分の内的状態が露呈するのではないかとの恐れや，相手の拒否的な反応を認めたくないとの動機による回避の力がある．この両者の均衡したところで所定の視線行動がとられる．

②視線量には，相手との親密さの程度に応じた均衡点があり，それが崩れると不安が生じ，その不安を低減するために視線行動は変化する．
③この均衡関係は他の非言語コミュニケーション（対人距離，笑いなど）にも該当する．そして，あるチャネルで変化が生じ，その次元内での均衡回復が難しければ，他のチャネルの変化が起こる．たとえば，話題の親密さが一定で対人距離が遠くなると視線交錯が増える．

このように親和葛藤理論では親密さを表すチャネルの間の関係は相補的である（あるものが増えれば別のものは減る）と考えられています．

実際にアーガイルとディーン（1965）は，親和葛藤理論の妥当性を確認するための実験を行っています．彼らは真の実験参加者と実験協力者の二人組みに対人距離が異なる3つの条件で会話をさせました．そしてそのときの視線交錯の時間を調べました．その結果，対人距離が遠くなるほど，それにつれて視線交錯の時間が多くなっていることが明らかになりました（図4）．つまり，親密さに関連す

コラム：エレベーターでの人の行動

エレベーターの中では人は友人と一緒であっても黙り込んで，目的の階に着くまでエレベーターの上方（特に現在の階数が呈示されているディスプレイ）を見たり，うつむいたりして，友人と視線を交錯させないようにしています．福原（1999）は親和葛藤理論に基づいて，こうした人の行動を次のように説明しています．エレベーター内では対人距離が非常に近くなるために親密性のレベルが高まってしまいます．そこで親密性のレベルをもとの状態に回復するために対人距離を遠くしようとしますがエレベーター内ではそれができません．そこで友人と視線を合わせないようにしたり，話をすることをやめたりすることで親密性のレベルをもとの状態に回復しようとするわけです．

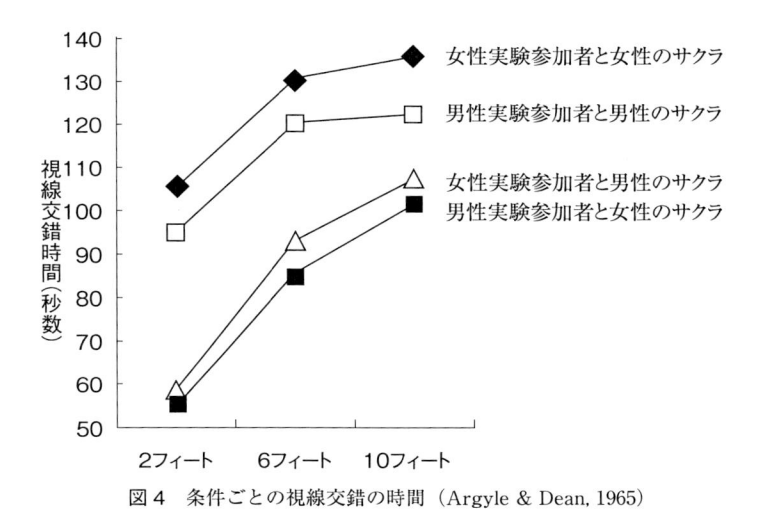

図4 条件ごとの視線交錯の時間（Argyle & Dean, 1965）

る行動（この実験では対人距離）のひとつが変化すると，その他の行動（この実験では視線交錯）は逆方向に変化するという親和葛藤理論を支持する結果が得られたのです．

4. 非言語コミュニケーションと印象

　非言語コミュニケーションを通して伝えられるものは情動や親密さだけではありません．たとえば私たちは，ある人の外見的特徴（顔の特徴，体格など）から，その人の印象を判断することがあります．こうした日常的な経験からもわかるように，非言語コミュニケーションはその人物の印象も伝えるのです．ここでは顔や身長といった外見的特徴がどのような印象を伝えるかを考えてみましょう．

(1) 顔と印象

　宮本・山本（1994）は顔の特徴と印象の関連について検討しています．彼らは実験参加者に女性の写真を提示して，その女性の相貌特徴（たとえば，色が白い，目が大きい），および印象（たとえば，まじめな，やさしい）の評定を行わせました．そして相貌特徴の評

定と印象の評定の相関を調べました．結果のなかから，特に多くの印象評定と関連があった相貌特徴について表4にまとめました．この結果を見ると，顔のなかでも目や口のあたりの特徴が多くの印象と結びついていることがわかります．最近の女性雑誌の広告では目のあたりを整形手術した女性の写真が掲載されています．目の整形が多いのも，目のあたりの特徴によって他者に与える印象が異なってくるからでしょう．

(2) 身長と印象

山本（1995）は身長の高さと印象の関連について検討しています．彼女は実験参加者に，身長が異なる男性および女性の写真を提示して，その人物に対する印象を答えさせました．その結果，男性の身

表4　相貌特徴と印象の関連について（宮本・山本（1994）をもとに筆者が作成）

相貌特徴	印象
色の白い	親切な，素直な，責任感の強い，我慢強い，まじめな，控えめな，信頼できる，知的な，落ち着いた，誠実な，暗い，自信のない，消極的な
下がり目の	心の広い，さっぱりした，親しみやすい，親切な，感じのよい，素直な，まじめな，控えめな，信頼できる，落ち着いた，誠実な，自信のない
目のぱっちりした	明るい，さっぱりした，親しみやすい，ユーモアのある，自信のある，積極的な，意欲的な，意志が強い
眉の濃い	明るい，自信のある，積極的な，意欲的な，意志が強い，控えめでない
目の小さい	暗い，親しみにくい，ユーモアのない，自信のない，消極的な，意欲的でない
口の大きい	明るい，ユーモアのある，積極的な，意欲的な，我慢強くない，控えめでない，落ち着きのない
口元の引き締まった	知的な，自信のある，積極的な，意欲的な，意志が強い，素直でない

長の高さは印象に影響を及ぼしていました．身長の高い男性は，低い男性と比較して「努力家である」「落ち着いている」「責任感のある」「慎重である」「大人っぽい」と判断されていました．一方，身長の低い男性は，高い男性と比較して，「感情的である」「怒りっぽい」「ごうまんな」と判断されていました．つまり身長の高い男性は望ましい印象を，低い男性は望ましくない印象を持たれていたのです．女性については身長の高さによって印象はあまり変わりませんでした．一時期，男性向けに身長を高く見せる靴が販売されていました．こうした靴が販売されていたのも，身長が高い男性が周囲の人びとに望ましい印象を与えるからでしょう．

5．言語の代用としての非言語コミュニケーション

　非言語コミュニケーションは言語の代用として使用されることがあります．特にジェスチャーがそうです．たとえば，人差し指と中指を立てる「Vサイン」は「勝利」「平和」を意味するものとして使用されています（表5-A）．このように私たちは，言語の代わりにジェスチャーを使ってメッセージを伝え合うことができます．

　ただしジェスチャーには文化差が存在するといわれています．ここでは金山（1983）のなかから具体的なジェスチャーを取り上げて説明してみましょう．表5-Bを見てください．このジェスチャーは日本では，「泥棒」「スリ」という意味で使われています．しかしメキシコでは「お金」「いくら？」という意味で，また中国では「数字の9」という意味で使われているのです．続いて表5-Cを見てください．このジェスチャーは日本では，「エンガチョ（汚い手で私に触っても汚くならない）」という意味で使われています（ただしこれについては日本の一定の年齢層の人にだけ意味が共有されているジェスチャーだと思われます）．他方，アメリカやメキシコでは「うまくいきますように（希望する，幸運を祈る）」という意味で使われているのです．最後に表5-Dを見てください．このジェスチャーは日本や韓国では，「女の子」「恋人」「彼女」「妻」など女

ジェスチャー	意味
（A）人差し指と中指を立てる	多くの国で「勝利」「平和」を意味する．
（B）人差し指を曲げる	（日本）泥棒，スリ． （メキシコ）お金，いくら？ （中国）数字の9． （シンガポール）死ぬ，死んでいる．
（C）人差し指と中指を絡ませる	（日本）エンガチョ． （アメリカ）希望する，幸運を祈る． （中国）数字の10． （メキシコ）幸運，幸運を祈る．
（D）小指を立てる	（日本）女の子，恋人，彼女． （韓国）愛人，恋人，妻，めかけ． （インド）トイレに行きたい，小便． （中国）つまらない，下手だ．

表5　代表的なジェスチャーの意味（金山，1983）

性を表す意味で使われています．他方，インドでは「トイレに行きたい」「小便」という意味で使われているのです．

　ジェスチャーは，言語を使ったコミュニケーションが困難なとき（たとえば外国人と会話をするとき），言語の代用として有効です．しかしそれぞれのジェスチャーが持つ意味は文化によって異なることもあります．そのために誤解を招くこともありますので使用にあたっては注意が必要です．

6. 非言語コミュニケーションと欺瞞

嘘をついている子どもに対して「顔に書いてあるからすぐわかる」と言う親がいます．もちろん実際には顔に書いてあるわけではありません．この発言には，嘘をついている人（欺瞞者）にはある特徴的な手がかりが表れて，その人が嘘をついていることが分かるという意味があるのでしょう．こうした手がかりは，意識して統制することが難しい非言語コミュニケーションのチャネルのなかに表れやすいのです．

(1) 欺瞞者の非言語コミュニケーションの特徴

それでは欺瞞者の非言語コミュニケーションにはどのような特徴があるのでしょうか．ザッカーマンたち（1981）は，欺瞞者の言語および非言語コミュニケーションの特徴を調べた多数の研究を概観して，欺瞞者には次のような特徴があることを指摘しました．それは，①瞳孔の拡張，②言い誤り，③声が高い，④身体操作（手で衣服や身体の一部に触れる）の増大，⑤肩をすくめる，⑥言いよどみの増大，⑦冗長な発言の増大（余計なことを言う，否定的な発言内容の増大）です．このなかで①，②，③は覚醒水準（興奮状態）の高まりを示すものです．

ザッカーマンたちの指摘に一致した結果が得られている実験にナップたち（1974）のものがあります．彼らは，面接場面でわざと嘘をつく条件と真実を言う条件の間の非言語コミュニケーションの特徴を比較しました．その結果，嘘をつく条件では真実を言う条件と比較して，手で衣服や体の一部を触るという身体操作をする時間が長いという特徴が見られました．それに加えて，嘘をつく条件では視線交錯をする回数や時間が少ないという特徴も見られました（表6）．

同様の結果はオヘアたち（1981）の実験のなかにも見られています．この実験ではあらかじめ用意した嘘をつく条件（実験者からあ

る嘘をつくように事前に教示されている）と真実を言う条件，およびあらかじめ用意していない嘘をつく条件（実験者から事前に嘘をつくように教示されていない）と真実を言う条件での非言語コミュニケーションの特徴を比較しています．その結果，あらかじめ用意した嘘をつく条件でも，用意していない嘘を言う条件でも，真実を言う条件と比較して身体操作が多くなりました．特にあらかじめ用意していない嘘をつくときに多かったのです．あらかじめ用意していない嘘をつく条件は，日常場面に非常に近い状況を再現したものです．こうした場面で見られた特徴は，おそらく日常的にも良く見られるでしょう．

(2) 欺瞞を判断する手がかり

　私たちは，ある人が嘘をついていると感じることがあります．このときにも非言語コミュニケーションが重要な手がかりになります．それでは非言語コミュニケーションのどのような特徴を手がかりにして欺瞞を判断するのでしょうか．ザッカーマンたち（1981）

表6　嘘をついているときと真実を述べているときの非言語コミュニケーションの特徴
　　（Knapp, et al., 1974）

非言語コミュニケーション	嘘をつく条件	真実を言う条件
手で衣服や体の一部を触っている時間＊	8.61	2.42
脚を動かしている時間	11.26	10.02
腕を動かしている時間	12.47	15.42
うなづきの回数	1.60	2.29
微笑みの回数	.58	.47
アイコンタクトの時間＊	20.08	23.76
アイコンタクトの回数＊	9.55	10.10

注）数字は秒数や回数．＊のついている項目で2つの条件間に統計的に意味のある差（有意差）が見られたものである．

は欺瞞者の特徴に加えて，欺瞞を判断する手がかりも指摘しています．彼らによれば次のような特徴が欺瞞を判断する手がかりとして使用されているといいます．それは，①視線の減少，②微笑みの減少，③発言潜時の増大（質問などに対する答えが遅くなる），④発話の速度が遅いこと，⑤言い誤りの増大，⑥言いよどみの増大，⑦声が高いこと，です．この特徴と，さきほどの欺瞞者の特徴を比較してください．言い誤りの増大，言いよどみの増大，声が高いことなどのパラ言語的特徴に関しては欺瞞者の特徴と欺瞞の判断の手がかりが一致しています．しかし，その他に関しては一致していません．つまり実際の欺瞞者が示す特徴とは異なるところを手がかりにして，ある人が嘘をついているかどうかを判断しているのです．

　クラウト（1978）の研究でも，欺瞞者の特徴は言語・非言語コミュニケーションの一部のチャネルにしか表れなかったのに対して，欺瞞を判断する側は，多くのチャネルを判断の手がかりとして使用していました．これらの結果は，私たちは人が嘘をついていることを正確に見破ることができないこと，特に人が真実を言っているにも関わらず嘘をついていると判断してしまう可能性があることを示唆しています．

7. 非言語コミュニケーションと説得

　他者の考え，感情，行動を変える行為を説得といいます．説得の効果は，メッセージの送り手の特徴，メッセージの特徴，メッセージの受け手の特徴などのさまざまな要因によって決まってきます（説得については6章を参照）．その中で，送り手の非言語コミュニケーションの特徴が説得の効果を決めるひとつの要因であると考えられています．ここでは送り手の非言語コミュニケーションの特徴の中からスピーチの速度を取り上げて，それが説得に及ぼす効果について考えてみましょう．

　ミラーたち（1976）は，送り手のスピーチの速度が説得に及ぼす効果を実験的に検討しています．彼らは，内容は同一であるが送り

手のスピーチの速度が異なるものを2種類用意しました．そして実験参加者に2種類のうちのいずれかのスピーチを聞かせて，スピーチに対する賛否などについての回答を求めました．その結果，実験参加者はスピーチが速い場合に，送り手のスピーチの内容に賛成していました．さらに，スピーチが速い送り手を専門性が高い人物であると評定していました．この結果は，スピーチの速度が速いことが送り手の専門性の評価を高め，それが説得の効果を高めることを示唆しています（c.f. Hovland & Weiss, 1951）．

日本では藤原（1986）が同様の実験を行っています．彼は送り手のスピーチの速度が異なるものを3種類（速い，普通，遅い）用意してミラーと同様の実験を行いました．その結果，説得の効果が最も大きかった条件はスピーチの速度が遅い条件でした．またスピーチの速度が遅い条件の送り手は，他の条件の送り手よりも，「信頼できる」「落ち着いている」と評定されていました．つまり日本では，スピーチの速度が遅いことが，送り手の信頼性の評価を高め，それが説得の効果を高めるのです．

いずれの研究も非言語コミュニケーションの特徴のひとつであるスピーチの速度が送り手の専門性や信頼性を高め，それが説得を効果的にすることを示しています．しかし送り手の専門性や信頼性が高く評価されるスピーチの速度が文化によって異なっているために，一方ではスピーチの速度が速い送り手からの説得が効果的であり，他方では速度が遅い送り手からの説得が効果的になっているのです．

8. 非言語コミュニケーションの能力の個人差

(1) 非言語コミュニケーション能力を測定する方法

非言語コミュニケーションを通してあるメッセージを送った時に，それを正しく理解する人もいる一方で，そのメッセージを誤解したり，メッセージにまったく気がつかなかったりする人もいます．また誰かにメッセージを送る場合も上手な人とそうでない人がいま

表7　ノンバーバル・スキル尺度（和田，1992）

以下のそれぞれの文章を読んで下の1〜5の選択肢の中から適切なものを回答欄に入れてください．

> 1．当てはまらない　　2．どちらかといえば当てはまらない　　3．どちらともいえない
> 4．どちらかといえば当てはまる　　5．当てはまる

	回答欄
1．私ほど敏感に人の何気ない行動の意味を理解できる人は誰もいない．	(　　)
2．他人同士の会話のやりとりを見て，その人たちの性格をいつも間違えることなく話すことができる．	(　　)
3．誰でも私に本当の気持ちを隠すことは，ほとんど不可能である（私はいつも分かる）．	(　　)
4．初めて会った時でさえ，私はその人の性格特徴を正しく判断することができる．	(　　)
5．たとえ隠そうとしても，私の本当の感情（気持ち）はいつも人に読まれてしまう．	(　　)
6．私は，嘘をつく時，必ず表情や体の動きがぎこちなくなってしまう．	(　　)
7．やろうと思えば，私は幸せなふりも，悲しいふりも簡単にできる．	(　　)
8．私が悲しんでいるのか，喜んでいるのかは，私の表情から誰でも容易に分かる．	(　　)
9．私は，自分の感情（気持ち）を表情やしぐさにそのまま素直に表すことができない．	(　　)
10．たいてい私はあいまいな，どっちつかずの表情をしている．	(　　)

結果の整理

以下の式にしたがって得点を算出すること．このときに，5の回答，6の回答，9の回答，10の回答は逆転してから加算すること（逆転とは1と回答した場合は5，2と回答した場合は4というようにすること）．

ノンバーバル感受性＝1の回答＋2の回答＋3の回答＋4の回答
ノンバーバル表出性＝8の回答＋9の回答＋10の回答
ノンバーバル統制＝5の回答＋6の回答＋7の回答

	男性	女性
ノンバーバル感受性	11.27	10.10
ノンバーバル表出性	8.82	9.61
ノンバーバル統制	8.90	8.80

ある大学の新入生の調査の結果は以下の通りになっている（植村他，2000）．

す．このように非言語コミュニケーションの能力には個人差があります．この能力の個人差を測定する方法として和田（1992）は自己報告式のテストを作成しました．和田によると非言語コミュニケーションの能力は3つに分けられるといいます．第一の能力は「ノンバーバル感受性」です．これは他者の非言語コミュニケーションのチャネルに表れたメッセージを適切に読み取ることができる能力のことです．たとえば，ある人の情動経験を表情から正確に読み取ることができる能力がこれにあたります．第二の能力は「ノンバーバル表出性」です．これは非言語コミュニケーションを通して自分の伝えたいことを人に伝えることができる能力のことです．たとえば，視線や対人距離を使って他者に好意を伝えることができる能力がこれにあたります．第三の能力は「ノンバーバル統制」です．これは自分自身の非言語コミュニケーションをコントロールできる能力のことです．たとえば，嘘をついているときに，それが表情や身体動作などに表れないようにする能力がこれにあたります．和田（1992）の作成した質問項目と得点化についての方法を表7に掲載しました．みなさんにもこのテストで自分自身の非言語コミュニケーションに関する能力を測定してもらいたいと思います．

　ただし，ここで測定された能力はあくまで自己報告に基づくものです．できると思っていることと，実際にできることは異なっていることがあるので注意が必要です．

(2) 非言語コミュニケーション能力の高い人
　和田（1992）の研究では，社会的属性によって非言語コミュニケー

> ### コラム：二重束縛的コミュニケーション
>
> 　言語的に伝える内容と非言語的に伝える内容が矛盾することを二重束縛的コミュニケーションといいます．たとえば，口では好きだと言っているのにもかかわらず，体を遠ざけようとしたり，接触を避けたりするようなことが二重束縛的コミュニケーションにあたります．こうした二重拘束的コミュニケーションを繰り返し経験した人は，他者との接触を避け，心を閉ざすようになります．

ションの能力に差があるかどうかを調べています．それによると，男性は女性よりもノンバーバル統制に関する能力が高いこと，逆に女性は男性よりもノンバーバル表出性が高いことが明らかになっています．また恋人の有無との関連についても調べています．恋人がいる人の方がいない人よりも，ノンバーバル感受性，ノンバーバル表出性が高いということが明らかになっています．恋人の有無の結果から考えると，非言語コミュニケーションの能力は対人関係を形成する上で重要なものであると考えられます．

【参考文献】

[1] Argyle, M., & Dean, J "Eye contact, distance, and affiliation." *Sociometry*, 28, 1965, pp. 289-304.
[2] P. ブゥル著，高橋超編訳『しぐさの社会心理学』北大路書房，1986.
[3] P. ブゥル著，市河淳章・高橋超編訳『姿勢としぐさの心理学』北大路書房，2001.
[4] 大坊郁夫「対人関係における親密さの表現——コミュニケーションに見る発展と崩壊——」『心理学評論』33，1990，pp. 322-352.
[5] 大坊郁夫「魅力と対人関係」，安藤清志・大坊郁夫・池田謙一著『現代心理学入門4 社会心理学』岩波書店，1995，pp. 95-117.
[6] 大坊郁夫『しぐさのコミュニケーション——人は親しみをどう伝え合うか——』サイエンス社，1998.
[7] Davitz, J. R. & Daviz, L. J. "The communication of feelings by content-free speech." *Journal of Communication*, 9, 1959, pp. 6-12.

[8] P. エクマン・W.V. フリーセン著，工藤力訳編『表情分析入門——表情に隠された意味を探る——』誠信書房，1987.

[9] 藤原武弘「態度変容と印象形成に及ぼすスピーチ速度とハンドジェスチャーの効果」『心理学研究』57, 1986, pp. 200-206.

[10] 深田博己『インターパーソナル・コミュニケーション——対人コミュニケーションの心理学——』北大路書房，1998.

[11] 福原省三「非言語的コミュニケーション論」深田博己編『コミュニケーション心理学——心理学的コミュニケーション論への招待——』北大路書房，1999, pp. 219-234.

[12] D.T. ホール著，日高敏隆・佐藤信行訳『かくれた次元』みすず書房，1970.

[13] Hovland, C. I. & Weiss, W. "The influence of source credibility on communication effectiveness." *Public Opinion Quartelry*, 15, 1951, pp. 635-650.

[14] Jourard, S. M "An exploratory study of body-accessbility." *British Journal of Social and Clinical Psychology*, 5, 1966, pp. 221-231.

[15] 金山宣夫『世界20カ国ノンバーバル辞典』研究社，1983.

[16] Knapp, M. L., Hart, R. P., & Dennis, H. S. "An exploration of deception as a communication construct." *Human Communication Research,* 1, 1974, pp. 15-29.

[17] Kraut, R. E. "Verbal and nonverbal cues in the perception of lying." *Journal of Personality and Social Psychology*, 36, 1978, pp. 380-391.

[18] Little, K.B. "Personal space." *Journal of Experimental Social Psychology*, 1, 1965, pp. 237-247.

[19] 松尾太加志『コミュニケーションの心理学——認知心理学・社会心理学・認知工学からのアプローチ——』ナカニシヤ出版，1999.

[20] Mehrabian, A. "Relationship of attitude to seated posture, orientation, and distance." *Jounal of Personality and Social Psychology*, 10, 1968, pp. 26-30.

[21] A. マレービアン著，西田司・津田幸男・岡村輝人・山口常夫訳『非言語コミュニケーション』聖文社，1986.

[22] Miller, N., Maruyama, G., Beaber, R. J., & Volone, K. "Speed of speech and persuation." *Journal of Personality and Social Psychology*, 34, 1976, pp. 615-624.

[23] 宮本聡介・山本真理子「相貌特徴が魅力判断および性格判断に与える影響」『筑波大学心理学研究』16, 1994, pp. 199-207.

[24] O'Hair, H. D., Cody, M. J., & McLaughlin, M. L. "Prepared lies, spontaneous lies, machiavellianism, and nonverbal communication." *Human Communication Research,* 7, 1981, pp. 325-339.

[25] M.L. パターソン著, 工藤力監訳『非言語コミュニケーションの基礎理論』誠信書房, 1995.

[26] Rubin, Z. "Measurement of romantic love." *Journal of Personality and Social Psychology,* 16, 1970, pp. 265-273.

[27] 戸梶亜紀彦「コンピュータ上でのコミュニケーションに見られる情緒表現に関する研究——情緒表出記号の使用方法について——」『広島県立大学紀要』8, 1997, pp. 125-139.

[28] 植村勝彦・松本青也・藤井正志『コミュニケーション学入門』ナカニシヤ出版, 2000.

[29] 和田実「ノンバーバルスキルおよびソーシャルスキル尺度の改訂」『東京学芸大学紀要第1部門』43, 1992, pp. 123-136.

[30] Wallbott, H. G. & Scherer, K. R. "Cues and channels in emotion recognition." *Journal of Personaltiy and Social Psychology,* 51, 1986, pp. 690-699.

[31] 山本真理子「身長のステレオタイプは存在するか——身長が対人印象に与える影響について——」『筑波大学心理学研究』17, 1995, pp. 123-134.

[32] Zuckerman, M., DePaulo, B. M., & Rosenthal, R. "Verbal and nonverbal communication of deception." *Advances in experimental social psychology,* 14, 1981, pp. 1-59. Academic Press.

第3章
異文化コミュニケーション

田崎勝也

　本章では，文化的背景の異なる人びとの間のコミュニケーション，すなわち，異文化コミュニケーションの問題を考えていきます．英語による外国人とのコミュニケーションを異文化コミュニケーションと呼ぶこともありますが，学問としての異文化コミュニケーションでは，言語や非言語によるコミュニケーションも含め，異文化接触の際に起こるさまざまな問題を取り上げます．異文化コミュニケーションの問題の中でも，価値観の違いが原因で起こる問題は特に重要です．我々のもつ世界観がコミュニケーション行動に大きな影響を及ぼしているからです．本章では，異文化コミュニケーションの問題を，特に文化的価値観に注目しながら考えてみたいと思います．前半では比較文化研究の基礎となる，研究の方法とその問題点に触れ，後半は，日米の就職面接の事例をもとに，過去の研究から明らかになった知見を参考にしながら，より具体的な問題について考察していきます．

1. 比較文化研究の理論的枠組み

　比較文化研究の方法を紹介する前に，まず「文化」とはどのような概念なのか，考えてみることにします．

　みなさんは「文化」と聞いて何を連想するでしょうか．食べ物，衣服，ことばなどがまず浮かんでくることでしょう．また，音楽や芸術などを挙げる人もいるかもしれません．あるいは，アメリカ文化や日本文化といったように，国単位の生活様式を意味する「文化」として考えた人もいるかもしれません．このように「文化」の意味する範囲は大変広く，日常会話においては，状況や話し手の意図により，その内容から範囲に至るまで，さまざまな意味を持っていま

す．それでは学問的には「文化」はどのように定義されているのでしょうか．文化はその意味する内容の違いにより3つに分類することが可能です．①高等文化，②伝統文化，そして③生活様式としての文化，です．①の高等文化は芸術や科学技術などの精神面および物理面で生活を豊かにする人間の知恵を意味します．②の伝統文化は，歌舞伎や能など，現代の生活ではあまり触れることがなくなった知恵や技能の中でも，ある特定の集団のアイデンティティーとして，後世へ受け継がれていくものを指します．そして，③の生活様式としての文化は，異文化コミュニケーションでたびたび問題として持ち上がる，我々が特に興味を持つ内容です．それは，ある集団の成員（メンバー）がもつ価値観・思考様式，また，感情傾向等のような内的な精神活動を指します．比較文化研究でよく研究の対象となる，言語および非言語コミュニケーションなども，この「生活様式としての文化」に分類されます．この3番目の文化は我々の世界観や行動様式に密接に関わっていて，たとえば，異文化コミュニケーションで発生するコミュニケーション・ギャップの多くは，この文化的な価値観や世界観の相違から生じます．したがって，異文化コミュニケーションで起こる問題を解決するためには，コミュニケーターがどのような価値観をもちコミュニケーション活動を行っているのか，また，コミュニケーター同士の文化的価値観にはどのような違いがあるのかを解明する必要があるわけです．

我々の世界観に大きな影響を及ぼしていると考えられる「生活様式としての文化」には，3つの特徴があります．ここで簡単に触れておきましょう．

①学ばれる文化——文化は生まれながらにして身についているものではなく，文化の成員との接触を通して，後天的に学ばれるものである．
②共有される文化——文化は文化の成員が共有するものであり，特定の人たちが例外的に持っているものは，文化とは呼ばない

（個性と文化の差を確認）．
③伝えられる文化——文化は同世代に限らず，次世代の人びとに伝達されるものである．

　以上のように，「文化」の意味する範囲は大変広く，意図する内容や範囲は状況や話し手の意図により大きく変わります．この章では，「文化」を「生活様式としての文化」と捉え，異文化コミュニケーションで問題となるような，集団の成員がもつ，知識や習慣，価値観などに焦点を絞って考えていきたいと思います．

(1) 比較文化研究の目的

　「文化」がどのような概念なのかを確認したところで，異文化コミュニケーション，また，その関連分野である異文化心理学の研究では具体的に「文化」をどのように取り扱うのか，そして，どのような方法で研究を進めているのかを見てみることにしましょう．

　比較文化研究で用いられるモデルを紹介する前に，一般的な社会科学における研究目的を確認しておきます．心理研究やコミュニケーション研究では，研究の目的が多くの場合，因果関係を探ることにあります．「AがBによって影響される」とか，「BをAに帰する」とか表現しますが，たとえば今，身長と体重の関係を考えてみたいと思います．身長が伸びれば体重が重くなりますが，体重が重くなっても身長が伸びることはありません．つまり，身長は体重に影響を及ぼしていますが，体重は身長に影響を及ぼしてはいないわけです．このとき身長と体重の間には，影響を及ぼしている身長と影響を及ぼされている体重という因果関係があります．心理研究やコミュニケーション研究が因果関係の探求をする背景には，ある事柄の間にある規則を導きだし，それを用いて予測や説明を行いたいとする科学思想があります．たとえば身長と体重の正確な関係がわかれば，身長から，ある程度体重を予測することが可能になり，肥満や拒食症などの診断に応用できます．

文化とコミュニケーションの関係もちょうど身長と体重の関係に置き換えることが可能です．話し手の持つ文化的価値観や世界観がコミュニケーション行動となって現れると考えられるからです．この時，

文化的価値観　⇒　コミュニケーション行動

という関係が成り立ちます．このように一般的心理研究と同様に，異文化コミュニケーションの研究では，文化をひとつの変数[1]としてとらえ，その変数がコミュニケーションなどの行動パターンにどのような影響を及ぼしているかを研究しています．

(2) ホフステードの価値観の研究

文化を扱う研究で最も難しいところは，文化をどのように定義し，そして，その定義した文化をどのように変数化するのか，にあります．前にも述べたように，「文化」は，意味する内容の広い，曖昧な概念です．日常会話では状況や話し手の意図により，その内容や射程が変わります．このような曖昧な概念を研究対象としたままでは，因果関係を構築するどころか，研究自体も難しくなってしまいます．そこで比較文化研究者は，まず，「生活様式としての文化」の中でも人びとの行動に影響を与える価値観に着目し，国（文化）によってどのような違いがあるのかを調査しました．つまり，行動を左右する価値観に的を絞り，文化を比べる「ものさし」を構築しようとしたのです．さまざまな「ものさし」が提案されるなか，オランダ人心理学者ホフステードが1980年に発表した，4つの文化的価値観は特に有名です．

ホフステードは，国際的企業であるコンピュータ会社，IBMの協力を得て，50カ国以上に広がる支店に勤める，約12万の従業員を対象に，仕事に関してどのような価値観を持っているのか，大規模なアンケート調査を行いました．このアンケート紙には，人生の目標や信条，満足や感じ方，そして，出身地について尋ねた，126

の質問項目が含まれていました．因子分析という統計解析の結果，
　①個人主義－集団主義（Individualism-Collectivism）
　②権力格差（Power Distance）
　③不確実性回避（Uncertainty Avoidance）
　④男性度－女性度（Masculinity-Femininity）
という4つの概念が文化を超えた共通の価値観として抽出されました．つまり，文化を測る「ものさし」ができたわけです．これらの価値観における各文化の相対的な位置づけを示すと，表1のようになります．

　4つの価値観の定義を詳しく見ていく前に，ホフステードの研究の解釈について一般的注意点を述べておきたいと思います．国家レベルでの経済的な依存関係にとどまらず，留学など庶民レベルでの昨今の交流を反映して，過去に行われた異文化コミュニケーションの研究の多くが日米の問題を射程にしています（石井，2001）．そしてこのような研究では，ホスフステードの4つの文化的価値観の中でも，特に個人主義－集団主義は最も頻繁に用いられ，個人主義のアメリカ，集団主義の日本として日米の行動パターンの文化差を説明するのに利用されてきました．表1を見てみましょう．アメリカは明らかに個人主義的傾向が強い文化であることがわかりますが，日本は22位とちょうど中間に位置しています．日米を対象にした比較文化研究では日本はしばしば集団主義的文化として議論されます．しかしこれは，あくまでアメリカと比べたときの相対的な傾向で，日本が世界的にも稀な集団主義的文化であるといっているわけではないのです．他の3つの価値観に関しても同様に，解釈には注意が必要です．本章では，過去の研究に基づく説明をしているため，しばしば日本をはじめアジア圏の文化を「集団主義的」，アメリカをはじめ欧米の文化を「個人主義的」と表現しますが，これはあくまで相対的な傾向を意味していて，絶対的な傾向を示すものではないことを確認しておいてください．それではホフステード（Hofstede, 1980）の定義した，4つの文化的価値観について詳し

表1 ホフステードの4文化的価値観の国際比較（数字は相対順位）

国	権力格差	不確実性回避	個人主義	男性らしさ
アイルランド共和国	28	35	12	7
アメリカ	38	43	1	15
アラブ諸国	7	27	26	23
アルゼンチン	35	10	22	20
イギリス	42	47	3	9
イスラエル	52	19	19	29
イタリア	34	23	7	4
イラン	29	31	24	35
インド	10	45	21	20
インドネシア	8	41	47	30
ウルグアイ	26	4	29	42
エクアドル	8	28	52	13
エルサルバドル	18	5	42	40
オーストラリア	41	37	2	16
オーストリア	53	24	18	2
オランダ	40	35	4	51
カナダ	39	41	4	24
韓国	27	16	43	41
ギリシア	27	1	30	18
グアテマラ	2	3	53	43
コスタリカ	42	10	46	48
コロンビア	17	20	49	11
シンガポール	13	53	39	28

国	権力格差	不確実性回避	個人主義	男性らしさ
ジャマイカ	37	52	25	7
スイス	45	33	14	4
スウェーデン	47	49	10	53
スペイン	31	10	20	37
タイ	21	30	39	44
台湾	29	26	44	32
チリ	24	10	38	46
デンマーク	51	51	9	50
トルコ	18	16	28	32
西アフリカ諸国	10	34	39	30
西ドイツ（旧）	42	29	15	9
日本	33	7	22	1
ニュージーランド	50	39	6	17
ノルウェー	47	38	13	52
パキスタン	32	24	47	25
パナマ	2	10	51	34
東アフリカ諸国	21	36	33	39
フィリピン	4	44	31	11
フィンランド	46	31	17	47
フランス	15	10	10	35
ブラジル	14	21	26	27
ベネズエラ	5	21	50	3
ベルギー	20	5	8	22

国	権力格差	不確実性回避	個人主義	男性らしさ
ペルー	21	9	45	37
香港	15	49	37	18
ポルトガル	24	2	33	45
マレーシア	1	46	36	25
南アフリカ	35	39	16	13
メキシコ	5	18	32	6
ユーゴスラビア(旧)	12	8	33	48

(注) Hofstede (1980, 1983) から作成

く見ていきましょう．

　まず①の個人主義−集団主義ですが，「個人をどの程度集団の一部として位置づけるか」の程度を表します．家族，職場，学校など，どの文化にも大小さまざまな集団が存在し，我々は集団と何らかの関わり合いをもって生きています．しかしながら，個人がどの程度集団と関わり合いを持つのかは文化によって差があります．これが個人主義−集団主義の基本的な考え方です．集団主義の強い文化では，個人と集団の結びつきが強く，しばしば集団の利益が個人の利益や目標よりも優先されます．このような文化では，個人を集団の一部と考え，自分自身を他者と関連づけて見ています（Markus & Kitayama, 1991, 1994）．個人主義の強い文化圏では，このような特徴を持つ集団主義的価値観とは反対に，個人の特徴や特質が強調されることが多く，個人はそれぞれユニークな自己であることを望み，また，それはこのような文化的価値をもつ社会からの要請でもあります．そのため自分の意見ははっきりと述べ，集団の顔色を伺って自分の意思を決めるといった，個人の目標や利益が集団の利益により犠牲になるようなことはあまりありません．このような社会では個々人が独立した一人の人間として見られるため，自己主張や他者

とは違うユニークさが求められます．

　②の「権力格差」は「社会における不平等をどのくらい許容できるか」を表しています．先生と生徒，親と子ども，医者と患者，上司と部下など，我々の周りにはさまざまな上下関係があります．これらの上下関係を社会学的に見た場合，社会的影響力を持つ者とそうでない者という関係が浮かび上がってきます．このような社会的影響力に関して，国を超えるとどのような意見の違いがあるのかを測ろうとするのがこの「権力格差」です．たとえば，世界を見渡すと，インドのように厳格な階層制度が色濃く残る社会もあれば，アメリカのように，学生が教授をファースト・ネームで呼ぶような，水平な人間関係を望む社会もあります．表1を見てください．欧米社会ではこの「権力格差」の程度が相対的に低いのに対し，アジアの一部の国々や中央アメリカ諸国は，この「権力格差」の程度が相対的に高いことがわかります．このように，権力や経済力など違いによってもたらされる社会的格差は，どの文化にも存在する普遍的なものなのですが，この社会的格差をどのように観るか，普段の人間関係にどのような影響を及ぼすかは文化によって違うわけです．これがホフステードの提唱した，文化を測る2番目の「ものさし」です．

　③の「不確実性回避」はちょっとわかりづらい概念かもしれません．「不確実なことや曖昧さをどれくらい許容できるか」を表します．「来週提出のレポート，間に合うのだろうか」，「明日のバイトの面接，どんなことを聞かれるのだろう」，「4年になったら就活しなきゃ．私，本当に就職できるのかな」など，我々は日々，予測のできない将来に対して不安を抱きながら生活しています．しかしながら，このような不確実な将来にとても不安を感じてしまう神経質な人もいれば，あくまでもマイペースであまり不安に感じない人もいます．このように人それぞれ感じ方の違う，不確実なことに関する許容度（不確実なことをどの程度不快に思うかと言い換えてもいいと思います）が，文化（国）単位で違いがあるのかを表そうとするのが，「不確実性回避」です．ここでホフステードの研究結果を

見てみましょう．日本は全体で7位と不確実回避の傾向が強いことがわかります．不確実性回避傾向の高い社会の特徴としては，規制や規則が厳しく，「大きな政府」がしばしば存在します．厳密なルールや法律により将来に対する不安を減らそうとする動機が働くためであると考えられています．

　最後の文化的価値観は，性に関する価値観です．ここでいう「性」は，英語の "sex" ではなく，"gender" を意味していて，「社会・文化的につくられた性役割」と定義できます．最近では日本でも，ほとんどの女子学生が男子学生と同じように，大学を卒業し，就職するようになりました．しかしながら，依然として多くの女性社員が結婚とともに退職していきます．「母親のいる温かい家庭を築きたい」，「男性と同じように仕事をするのは辛い」，「男性との待遇が違いすぎる」など退職にはさまざまな理由が考えられますが，日本の社会が依然として，「男は外で仕事」，「女は家庭で家事・育児」といった伝統的な性役割を重んじていることが伺えます．このような性役割の根ざした雇用状況は全ての国で同じように観られる現象ではありません．つまりこの例からも明らかなように，「どの程度伝統的な性役割を許容するか」は文化的に大きな影響を受けるわけです．再び表1を見てみましょう．日本は，男性度傾向が最も高い（女性度傾向の最も低い）文化であることがわかると思います．日本は伝統的性役割を最も重んじる文化であることが示唆されます．また，男性度が低い，すなわち，女性度が高い国の多くが北欧に集中しています．男女共同参画社会の先進国として知られている北欧の国々ですが，こうした性に対する文化的価値観が背景にあることがわかります．

　この4つの文化的価値観は，文化を比べる「ものさし」として，さまざまな比較文化研究に応用されてきました．こうした客観的データに裏付けられた比較文化研究は，曖昧な概念である「文化」を整理し，人びとの行動パターンと文化の関係を検証してきたのです．比較文化研究に多大な影響を与えたホフステードの研究ですが，

調査結果や研究手法に批判がなかったわけではありません.

たとえば,

① IBM 社員のデータはそれぞれの文化を代表しているのか：ビジネスマンの持つ価値観が一文化圏の代表となりえるのか疑問が残るところです. ましてや IBM は現地では外資系企業. アメリカの価値観を色濃く反映している可能性もあります.

② 126 の質問項目は普遍的であったのか：質問紙では人生の目標や意義について 126 の質問項目が盛り込まれました. この 126 項目の選定が批判の対象です. 作成には欧米人の研究者があたったため，全ての文化の価値観を公平に反映できるような選定であったのか，議論されています.

③ 調査から 20 年以上の年月が過ぎたデータは古くないのか：インターネットなどの通信技術の発達や航空技術の進歩により，以前にも増して多文化の接触の機会が多くなっています. このような状況では，以前のように各文化が独自の価値観を温存しているのか疑問です. 文化の成員が他文化接触を通して影響し合い，新たな，第 3 の文化的価値観を形成している可能性もあります.

④ 集団内の文化差をどう説明するのか：文化の成員が同じような価値観を均等にもっているとは必ずしもいえないことは一考すればわかります. 表 1 からもわかるように，韓国は集団主義傾向の，アメリカは個人主義傾向の強い文化です. 一般論として，若い人や都会に住んでいる人はより個人主義的傾向が強いといわれます. もしこれが正しいのなら，たとえば，集団主義の国である韓国の都会に住む若者は，個人主義の国であるアメリカの田舎に住む老人より集団主義的なのでしょうか. 疑問の残るところです.

因果関係の構築を主たる目的とする心理研究やコミュニケーション研究では，特に最後の問題を解決することが重要です. ホフステー

ドの研究では，12万の被験者から収集したデータは国単位にまとめられ，各価値観における国家間の差は平均値の差として報告されました．しかしこれは，社会学的に見た文化差であり，心理学的に見た文化差とは少し違っています（Hofstede, 1994）．文化（国）は同じような価値観を持った個の集合体です．我々は特定の文化（国）に生まれ，親，先生，友人など社会的他者との接触の中でその文化で適当とされる行為や価値観を身につけます．つまり個人の持つ価値観は，文化の持つ価値観を共有する部分があるわけです．この意味においてホフステードの行なった国単位での文化比較はそれなりの意味があります．しかしながら我々の価値観のすべてが集団のもつ価値観と全く同じというわけではありません．集団からの影響も個人によって差があるでしょうし，個性もあるからです．つまり，文化と行動の因果関係をより明確にするためには，ホフステードの研究のような集団の持つ価値観の考察に加えて，個人レベルでの文化的影響を調査する必要があります（Smith, 2002）．このような問題点を鑑み，個人レベルで文化的影響を測ろうとする試みが行なわれています．次のセクションでは，マーカスとキタヤマによる文化研究の試みを見ていきましょう．

(3) 文化的自己観と比較文化研究

「社交的」，「楽天家」，「人見知り」，「自信家」など，我々は自分がどのような特性を持つ人間なのか，知識を持っています．このような自己に関する知識は，「自己概念」（Self-concept）と呼ばれ，心理学では古くから研究が行なわれてきました．このような自己概念に心理学者が興味を持った背景には，自己についての意識が個人の取る行動と密接な関係があるからです（Matsumoto, 2000）．たとえば，外交的な人は「外交的な」行動パターンを持つためにそのような自己に関する意識が生まれたのであり，また，自己の特性を「外交的」と表現することによって，逆にそのような行動パターンが強化されます．マーカスとキタヤマは行動と密接な関わり合いが

ある，この自己概念と文化の関係に着目しました．

　マーカスとキタヤマ（Markus & Kitayama, 1991, 1994）は，自己概念には文化的価値観と密接に関わり合いのあるものが存在し，文化の成員は社会的他者との接触の中でこのような自己概念を身につけると考えました．そして，①独立的自己観（Independent Self-Construal）と②相互依存的自己観（Interdependent Self-Construal）という，文化的価値観に特に関わり合いの強い，２つの自己概念を提唱したのです．①の独立的自己観を自己概念として持つ人は，欧米の個人主義的文化圏に生活する人に多く，「自分は自分」，「他人は他人」というように，自己と他者を明確に分けて考えています．このような自己観念を持つ人にとって，他者とは違ったユニークな能力や個性を主張することは重要なことであり，このような目的を満たしたとき，充実感や達成感を得ます．そのため，自己の個性がより発揮できるよう，目標を持ち，達成に向かってまい進していきます．一方，②の相互依存的自己観を自己概念に持つ人は，アジア諸国などの集団主義的文化圏に多く見られ，自己の意識の中には，独立的自己観を持つ人たちのような明確な自己と他者との境界線はありません．このような自己概念を持つ人にとっては，集団に溶け込み，お互いの気持ちを察しあいながら人間関係を円滑に保てるかどうかが大切な能力であり，またこのような能力を持つことが自尊心を高める要因になっています．このため，集団内の調和を乱すことを避けようとする傾向が生まれ，「出るくいは打たれる」，「能ある鷹は爪を隠す」などのことわざが示すように，個人の特性を積極的にアピールすることは好ましいことだとは考えません．

　マーカスとキタヤマはこの文化的自己観とホフステードの提唱した個人主義－集団主義の関係を直接結び付けて議論したわけではありませんが，研究者の間では，文化的自己観は，その内容と射程から考えて，個人主義－集団主義的文化価値を国単位ではなく，個人レベルで検討しているモデルと考えられています（Gudykunst et al., 1996；Kim, 2002；Smith & Bond, 1993）．ここで文化的自己観

```
    ┌─────┐                      ┌──────────┐
    │ 文化 │ ─────────────────→  │コミュニケー│
    └─────┘                      │ ション行動 │
                                 └──────────┘
              ホフステードのモデル


    ┌─────┐        ┌──────────┐        ┌──────────┐
    │ 文化 │ ────→ │文化的自己観│ ────→ │コミュニケー│
    └─────┘        └──────────┘        │ ション行動 │
                                       └──────────┘
                    文化的自己観のモデル
```

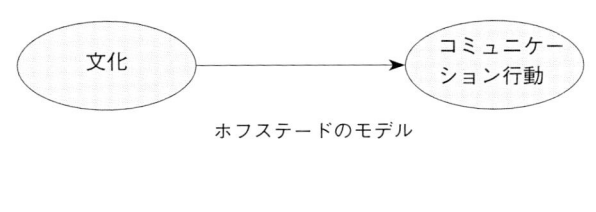

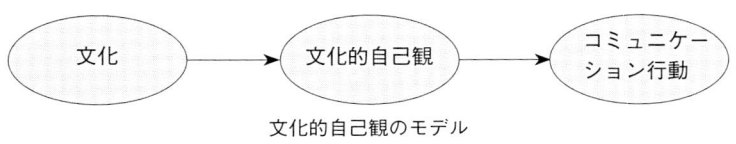

図1　文化と行動の因果モデル

を用いたモデルが考える文化と行動の関係を，図1で考えてみましょう．文化的自己観を用いたモデルでは，集団の共有する価値観（文化）が文化的自己観を構成に影響を与えます．そしてこの文化的に構築された自己観がコミュニケーションなどの行動を決めていくと説明できます．このような中間変数を介した3者間の関係を探るモデルとは違って，ホフステードのモデルは2者間です．このモデルでは国単位で示された価値観と行動の関係が検討されます．しかしこれでは文化と行動の因果関係は不明瞭です．観察された行動が文化によるものなのか，個性によるものなのか，はっきりしないからです．このように文化的自己観という集団の持つ文化的価値観と，特定の行動の橋渡しをする中間変数を用いることによって，文化と行動の因果関係がより明確になっていることがわかります．

　文化と行動の因果関係をより詳しく調査できるという利点の他に，文化的自己観のモデルは，ホフステードのモデルに比べて，文化的価値観の傾向をより幅広く，また，より詳しく調べることができるという長所もあります．図2を見てください．ホフステードによる国単位の文化モデルの場合，文化的価値観は数直線のいずれかの点としてその程度を表現することが可能ですが，それぞれの文化的価値観は数直線の両端に相反する概念として位置しています（図

```
|———————————————|———————————————|
集団主義                          個人主義
```

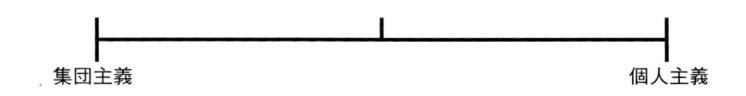

図2　集団主義 ― 個人主義モデル

2参照).しかしながら,集団主義と個人主義は必ずしも相反する概念ではなく,個人が集団主義的傾向(相互依存的自己観)と個人主義的傾向(独立的自己観)を同時に持ち合わせていると考える方が現実的です.同一の個人が状況によって,時には集団主義的,時には個人主義的行動を取ることも珍しくないからです.事実,多くの比較文化研究によって,これらが別々の概念であることが立証されています(たとえば,Kakai, 2001；Tasaki, 2001).したがって,文化的自己観によるモデルでは,相互依存的自己観と独立的自己観を異なる概念として図3のように表現します.このような2概念に基づくモデルは,以前の1概念に基づくモデルより,より詳しく文化的傾向を見ることが可能です.たとえば,このモデルでは,①独立的自己観と相互依存的自己観の両方に強い傾向を示す人(図のⅠの領域に位置する人),②独立的自己観は高いが相互依存的自己観の低い人(図のⅡの領域に位置する人),③独立的自己観は低いが相互依存的自己観の高い人(図のⅢの領域に位置する人),④独立的自己観と相互依存的自己観の両方に低い傾向を示す人(図のⅣの領域に位置する人)の4タイプの傾向を持つ人に分けることが可能です.キムら(Kim et al., 1996)が行った比較文化研究などから,1のタイプは,ハワイのような,個人主義だけでなく集団主義的価値観を共有する多文化社会に,2のタイプはアメリカ本土など個人主義的文化圏に,そして,3のタイプは韓国や日本など集団主義的文化圏に多いという研究結果も報告されています.

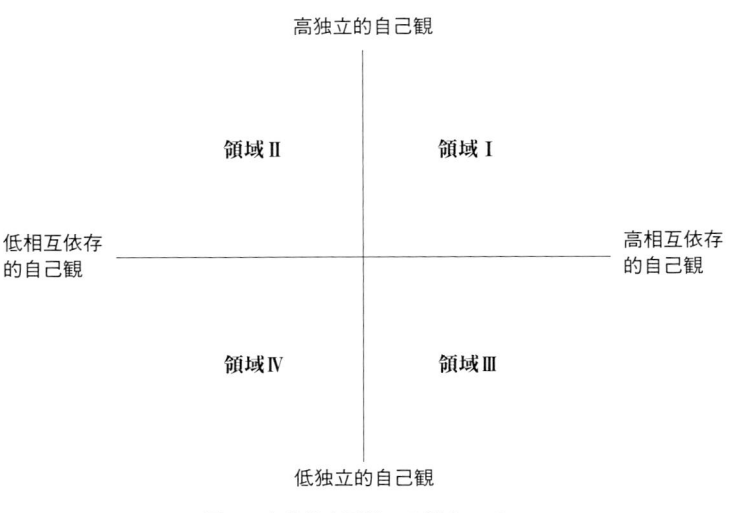

```
                        高独立的自己観
                             │
              領域 II         │        領域 I
                             │
  低相互依存                   │                    高相互依存
  的自己観   ──────────────────┼──────────────────  的自己観
                             │
              領域 IV         │        領域 III
                             │
                        低独立的自己観
```

図3　文化的自己観の2概念モデル

2. 文化的価値観とコミュニケーション行動

以上が比較文化研究の基本となる方法論および研究により明らかになった文化的価値観です．それではこのような知見は，文化と行動の関係を具体的にはどのように説明できるのでしょうか．以下の日米の就職面接についての事例（Critical Incident）を参考に考えていきたいと思います．

〈日米の就職面接の事例〉[2]

　山田陽一郎（32歳）は，外資系食品卸会社に勤めるビジネスマン．日本の大学を卒業後，日系の食品会社を経て，アメリカの大学院に留学．アメリカでは有数のMBA（経営大学院）に入学し，企業の人的資源について研究した．彼の日系企業での経験と大学院での専攻が買われ，大学院卒業後は，日本市場進出を計画する米国系食品卸会社に就職．東京支社に配属が決まり，ヒューマン・リソース・マネージメント部門に勤務することになった．陽一郎の勤務する会社は，大量に商品を仕入れ，薄利多売で売り上げを伸ばしている卸

会社．陽一郎がはじめて担当した仕事は，日本での立ち上げに際し，日本の商文化に詳しく，マーケティングを担当できる人材を発掘することであった．国籍を問わず，日米から広く人材を公募．100人あまりの応募者から，書類審査を経て残った，日本人10名，アメリカ人10名を含む，20名の応募者に面接を行うことになった．

　応募者20名の面接を通して，陽一郎が感じたことは，就職活動における自己アピールの文化差である．日米両文化に精通していると思っていた陽一郎であったが，面接における，日米の応募者コミュニケーションのスタイルの違いには驚かされた．個人差こそあるものの，アメリカ人応募者と日本人応募者の自己主張の仕方はまさに正反対のように思われた．全体的にアメリカ人の応募者からは積極性が感じられた．履歴書をはじめとする応募書類は大変くわしく作成されていて，使用できるコンピュータのソフト，話せる言語，取得した資格，参加したセミナー，大学のときに履修した科目やその成績までも詳細に記載されていた．また応募書類は，色つきで作成されていたり，フローチャートがついていたり，各応募者によって工夫もみられた．面接では，積極的で物怖じしない応対が印象的であった．自信満々に,応募した動機から採用されてからの業務計画，また，それが各応募者の長期的なゴールにどのように結びついているのか，理路整然と話していた．全般的にアメリカ人応募者の面接はとてもにぎやかで，会話が詰まって面接官である陽一郎が話題を振ることは皆無に等しく，沈黙はほとんどなかった．

　積極的に映ったアメリカ人応募者への面接ではあるが，反面，陽一郎は「あれっ」と思うことも多かった．履歴書に詳細に書かれた数々のスキルではあったが，実際に面接すると，「使える」レベルには達していないことが多かった．たとえば，「日本語能力が中程度」と書かれた応募者の日本語は，実際には一学期日本語の授業を履修しただけで，挨拶程度の運用能力であったり，また，使用可能とうたってあるコンピュータソフトも，実際には何度か使ったことのある程度であったりした．全体的には積極的に写った面接である

が，応募者の中には陽一郎が質問したいことがあるにもかかわらず，ずっと話し続けていたり，いきなり給料や契約年数などの待遇の話を始めたり，ちょっと行き過ぎていると陽一郎には感じられた．

　一方，日本人の応募者は全体的に控え目で，アメリカ人の応募者の押しの強い面接のスタイルと比べると消極的に感じられた．主として学歴や職歴を質問項目とする日本式の履歴書は，書類審査を行なうための必要最小限の情報であり，詳しい志望動機や資格・能力についての状況は，面接で直接尋ねるしかなかった．ほとんどの日本人応募者は市販の履歴書を使い，ましてやアメリカ人の応募書類のように，一人ひとりちがった書式で創造的な履歴書を提出する応募者はいなかった．面接では，面接官の陽一郎に気遣う言動が印象的であった．陽一郎が尋ねる質問には的確に答えたが，必要以上に話をすることはせず，陽一郎を中心に面接が進行しているという印象であった．時折話につまり沈黙することもあった．応募者からの質問は仕事の内容に関するものが中心で，給料など労働条件に関するものはほとんどなかった．また，職場の雰囲気や人間関係などについての質問もあった．

　全体的に消極的で物足りないと感じざるを得ない日本人応募者の面接であったが，詳しく話を聞いてみると充分な実力を兼ね備えている応募者も少なくなかった．12歳まで海外で生活，大学時代には留学も経験し，日本語，英語のみならずフランス語の3言語に高い運用能力を持ち合わせている応募者や，大学時代には応用数学科に所属，消費者からのデータをもとに売れ筋商品の予測をする「データ・マイニング」の研究を行ってきた応募者など，即戦力としても充分な実力を持ち合わせている者もいた．このような応募者の経歴に対して「すごいですね」と陽一郎が驚嘆する場面も少なくなかったが，このようなときは決まって「そんなことないです」という反応であった．このような謙遜する態度はアメリカ人応募者には全く見られなかった．謙遜する日本人応募者に好感を持てなくもなかったが，同時に，「こんなに良い資格や能力を持っているならなぜもっ

と積極的にアピールしないのかな」と陽一郎には不思議に感じられた．

　上記の事例では，陽一郎が感じた違和感が示すとおり，仕事に対する考え方，自己主張の仕方，そして，自己の能力に対する意識などに明らかな文化差が現れています．就職のための面接や他者への依頼など，社会的報酬がコミュニケーションの結果としてもたらされるような状況では，普段見えにくい価値観や社会的規範がより鮮明に浮かび上がるためです．それでは比較文化研究の理論は，上記のようなコミュニケーションにおける文化差をどのように説明するのでしょうか．まずはホフステードの文化的価値観を用いて考察をしていきましょう．

(1) 就職先は自分と合うのか——自分は就職先に合わせられるのか

　まず考えられる大きな違いの1つが職を得ようとした動機です．アメリカ人の応募者にとって，陽一郎の会社での仕事が，自分の短・長期的目標を達成するためにどのように結びつくかという点が仕事を得る際に最も気になるところです．これはホフステードの個人主義 – 集団主義の文化的価値観と密接に関わっていると考えられます．アメリカのような個人主義社会では，就職や業務に関連することなど，仕事に関わる決断をする際には，個人の利益や目標達成が最優先されます（Stewart & Bennett, 1991）．このため，組織に対する忠誠心など，個人の利益と直接関係のない要因が仕事に関わる決断に関与することはあまりありません．事例の中でアメリカ人応募者は，業務内容と個人の目標とが念入りに検討された志望動機書を提出していたり，また，面接では待遇面の質問をしたりしていました．こうした応募者の態度には彼らの持つ個人主義的な価値観の関与が考えられます．このような個人の利益を最優先した行動パターンは，集団主義的傾向の強い日本ではあまり強調されないものです．もちろん，労働力を提供し，利潤を代償として得る「仕事」

という行為自体，いかなる文化でも個人の利益が深く関与している社会的行為です．しかし，個人の利益をどの程度強調するのかは文化によって異なります．日本のような集団主義的傾向が強い社会では，個人の達成動機に加えて職場の人間関係も重要な役割を果たしています．それは彼らが，意味のある人間関係を築き，その中で自分の居場所や役割を確認し，周りからもそう認められることで「一人前」の人となれると考えるからです(北山・唐澤，1995)．日本人が，他者を気遣いたい，または，気遣われたいといった動機が強い（Doi, 1982)のもこうした人間関係を重視した文化的価値があるためです．日本人の応募者が，業務に関する質問に加えて，職場の雰囲気や人間関係について尋ねていたのはこうした動機が関与していたためと考えられます．

(2) 媚びへつらい──敬いの気持ち

　ホフステードの提唱した2つ目の価値観は「権力格差」でした．これは社会的影響力を持つものと持たざるものの関係をどの程度認めるのかを表しています．社会学者，中根千枝（1972）が日本社会を「たて社会」,西洋社会を「よこ社会」と呼んだように，ホフステードの研究結果からも，アメリカと比べて日本は，権力格差傾向のある社会といえます．事実，日本に多い相互依存的自己観を持つ人は，アメリカに多い独立的自己観を持つ人に比べて，上下関係により敏感であることが実証研究からも明らかになっています（Tasaki, Kim, & Miller, 1999)．ここで，事例の中での陽一郎と応募者の関係を確認しておきましょう．面接の合否を決めるのは面接官である陽一郎ですから，社会的影響力のある陽一郎とそうでない応募者という関係が成り立っています．日本のような権力格差の高い社会では相手との上下関係によってことばや態度を変えることが一般的です．目上の人への敬いの気持ちを表すためです．このような環境で育った日本人応募者が，面接官の陽一郎に気遣う言動をとったのも理解できます．これに対して，アメリカ人の応募者は面接官の陽一

郎に対しても物怖じしない応対をしました．上下関係をあまり強調しない社会で育った彼らにとっては，たとえ相手が社会的な影響力を持つ人だったとしても，普段と変わりないコミュニケーションを取ろうとする傾向があります（Stewart & Bennett, 1991）．権力者に対して，ご機嫌とりをしていると思われ兼ねないからです．アメリカ人応募者の間に見られた，面接官である陽一郎の社会的役割をあまり意識しないコミュニケーション行動からは，このような文化的価値観が読み取れます．

(3) 独創性を重んじるか――形式を重んじるか

　応募者の態度やコミュニケーション行動には直接関係ないかもしれませんが，提出された応募書類にも文化差が観えます．アメリカでは，就職の際に提出する履歴書や志望動機書などの応募書類は，特に指定がない限り自由に作成するのが一般的です．陽一郎が経験したように，アメリカ人の応募書類は，色がついていたり，グラフが描かれていたり，各応募者によってさまざまでした．それに対して日本人応募者は，学歴，職種などほとんど同じような質問項目を含む市販の履歴書を提出していました．このような提出書類の違いは，不確実性回避の文化差が現れているためと考えられます．ホフステードの3番目の価値観「不確実性回避」は，不確実なことや曖昧さに許容できる程度を表すと説明しました．そして不確実性の高い社会では，さまざまなルールがあり，規則により将来に対する不安を減らそうとします．未知のことに出くわす可能性を抑えて，感情のコントロールを図りたいとする傾向があるためです（Smith & Bond, 1993）．全体で7位と不確実回避の傾向が強い日本では，履歴書の書式や作成法にもある程度決まったルールが存在し，そのため応募者からは同じような書類が提出されました．それに対して，全体で43位と不確実性回避の傾向が弱いアメリカでは，履歴書の書式や作成方法については決まったルールもなく，したがって応募者からは個性豊かな書類が提出されたと考えられます．

(4) 自己をどう評価するか――自己高揚傾向と自己批判傾向

　事例のなかで最も注目すべき点は，アメリカ人と日本人応募者の自己能力に対する見解の相違です．アメリカ人応募者は，それが実際には満足いくレベルに達していない場合でも，自信満々に自分の能力をアピールしていました．これとは対照的に，日本人応募者は，充分な能力を持ち合わせていながら，満足いくアピールができていませんでした．このようなコミュニケーションの差異をもたらす要因として心理学者は，自己についての意識の違いが関わっていると考えています．そして，このような意識の違いをもたらす背景には，文化的価値観が関与していることが過去の研究から明らかになっています．たとえば，アメリカ人のこどもは早ければ4歳で自分は他の人間より勝っていると思うようになり（James, 1980），アメリカ人成人の半数は自分たちのことを知的で魅力的だと感じています（Wylie, 1979）．また，アメリカ人大学生を対象に，リーダーシップ能力や対人関係のスキルについて尋ねた調査では，自分が平均より下だと思っている学生は皆無で，約7割の学生は平均より優れていて，さらに約6割の学生は上位10％に位置していると考えています（Myers, 1987）．日本人を対象に行った調査では，これらと対照的な結果が出ています．たとえば，日本人大学生は，知能，記憶，運動能力などの能力，意思などの自主性，他者への思いやりなどの相互依存性の3領域で「約半数の学生は自分より優れている」と思っています（Markus & Kitayama, 1991）．日本人は成功の原因を努力や運などの外的要因と，失敗の原因を自らの能力や努力などの内的要因と関連づけて考えます（北山・高木・松本, 1995）．このように，自己の特質や能力をどのように評価するには文化差があり，独立的自己観を持つアメリカ人は自己を過大評価する傾向（自己高揚傾向）が，相互依存的自己観を持つ日本人には自己を過小評価する傾向（自己批判傾向）があると考えられています．

　それではこのような自己についての意識の違いが生まれる背景に

はどのような心理的動機が隠れているのでしょうか．アメリカ人に多い独立的自己観を持つ人は，自己と他者を明確に区別し，一人ひとりが独特の個性を持つ「個」として自身を捉えていると説明しました．このような自己観を持つ者にとって，他者と違う自己を強調するということは大事なことです．彼らにとっては，他者と違う自己を表現できたときに最も自尊心を満たすことができるからです．それでは「他者と違う自己を強調するということ」とは具体的には何を意味するのでしょうか．これは結局，能力，才能，性格など個人の持つ特長を強調することに他なりません．アメリカのように独立的自己観を共有する社会では，他者に誇れる特長を見つけ出し，あるいは生み出し，それを外部に発信していくことではじめて「一人前」の人間として認められます（北山・唐澤，1995）．社会から認められた人間として自尊心を満たすために，結果的には，上記の数々の調査結果が示すように，他者を過小評価し，自己を過大評価するような傾向が生まれたり，また，自分の成功の原因を自らの能力や努力などの内的要因と，失敗の原因を運などの外的要因と関連付けて考えたりします（Kashima & Triandis, 1986）．自己を過大評価し，能力をアピールする自己高揚傾向がアメリカ人応募者の間に観られたのも，このような文化的価値観が背景にあったためと考えられるのです．

　それでは，日本人が自己を過小評価する背景にはどのような動機が絡んでいるのでしょうか．日本人に多い相互依存的自己観によれば，他者との明確な境界線を持たないため，自己の定義は特定の状況や人間関係によって大きく変わります．みなさんも先生といるときは生徒として役割を果たし，友達といるときはその友達との関係のなかで決まる友人像を演じていると思います．つまり，ある他者との関係によって決められる属性が自己を定義するのです．このように，自己を他者と相互に協調し，依存した関係として捉える相互依存的自己観を持つ者は，お互いの気持ちを察しあいながら人間関係を円滑に保ち，また，意味のある社会的関係の中で決定される自

分の役割を遂行することで,「一人前」の人間として自尊心を満たすことができるのです（北山・唐澤, 1995）．自尊心を満たすためにも，彼らにとって周囲からの期待を裏切らないように与えられた役割を果たすことは重要なことです．そのため周囲からの期待に添えるように努力しようとする動機が生まれます．自分の劣っている点，至らない点を改善し，社会的に求められる目標像に限りなく近づくことで，周囲からの期待に答えようと努めます．日本社会でしばしば個人の能力より努力を重要視するのは，こうした動機が深くかかわっています（東, 1994）．事例では，日本人応募者が自己を過小評価する傾向が観られました．また，能力やスキルについて褒め称えた陽一郎の発言に対しては,「そんなことないです」などと,自己批判的・自己卑下的コミュニケーションが観られました．自己を過小評価し，控えめなコミュニケーション行動をとる背景には，こうした文化的価値観の関与が考えられます．

(5) "The squeaky wheel gets the grease"
――「沈黙は金なり」：コミュニケーション量の文化差

自己に関する評価の文化差に加えて，事例では日米の応募者のコミュニケーションの量にも大きな違いがありました．終始にぎやかで積極性が感じられるアメリカ人応募者の面接とは対照的に，日本人応募者の面接では，必要以上に話しをすることはなく，時折沈黙することもあるなど消極的なコミュニケーション行動が見られました．このようなコミュニケーション行動の差をもたらす背景にはどのような文化的価値観が潜んでいるのでしょうか．

「沈黙は金なり」,「口は災いのもと」などのことわざが示すように，日本には過度のコミュニケーションを否定的にみる傾向があります．そのため，日本人はしばしば消極的コミュニケーション行動をとります．たとえば，アメリカ人と比べて日本人は，(a) 議論を避ける傾向がある（Prunty et al., 1990），(b) コミュニケーションに対して不安をもち，話しを避ける傾向がある（Klopf &

Ishii, 1976），(c) 自分について話す，自己開示を積極的に行わない（Barnlund, 1975），(d) 自己主張を積極的にしない（Prunty et al., 1990）など，消極的なコミュニケーション行動を行う傾向があります．このようなコミュニケーション行動についての価値観は他のアジアの国々にも共通して観られます．たとえば，韓国とアメリカを対象にした比較文化研究によると，アメリカでは多く話をする人は高い社会的評価を得るのに対して，韓国では静かで寡黙な人が社会的に高い評価を受ける傾向があります（Elliot et al., 1982）．

　消極的コミュニケーションを好むアジア文化圏に対して，アメリカなどの西欧文化圏では積極的コミュニケーションを好む傾向があります．上記の，"The squeaky wheel gets the grease" は，「音のする車輪に油が与えられる」すなわち「言ったもの勝ち」という意味の米国のことわざです．彼らの積極的コミュニケーションを好む傾向は実証研究からも明らかになっています．たとえば，アメリカ人は，(a) 自己主張をする人をより魅力的かつ能力が高いと評価（Zakahi, 1985），(b) コミュニケーション能力は職場での昇進や昇給に不可欠（Klopf, 1995），(c) コミュニケーションに不安を持つ人は，感情のコントロールができない，自分に自信のない人に多い（Richmond & McCroskey, 1985），(d) 議論を好む夫婦はドメスティク・バイオレンスに陥りにくい（Infante, Chandler, & Rudd, 1989）など積極的コミュニケーションを好みます．

　このようなコミュニケーションについての考え方の違いを生む要因として，エドワード・ホール（1976）の提唱した，コンテクスト（状況）とコミュニケーションの関係が考えられます．日本には「以心伝心」，「行間を読む」，「腹芸」など，ことばに頼らずに，相手の気持ちを読んだり，自分の意思を伝えたりする独特なコミュニケーションがあります．それではこのようなことばに依存しないコミュニケーションでは，我々はどのようにして情報を伝えたり，受け取ったりしているのでしょうか．実は我々が日々行っているコミュニケーション活動では，ことばから得る情報が情報のすべてというわ

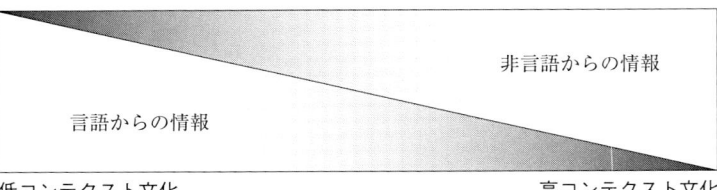

```
低コンテクスト文化                    高コンテクスト文化
         言語からの情報    非言語からの情報
```

図4　対人コミュニケーションにおける非言語情報への依存度の違い
　　(注) E.T. Hall (1976) から作成

けではありません．コミュニケーションが起こる状況，話し手との関係，話し方，声のトーン，表情，身振り手振りなど言語以外の手段からの情報，つまり，非言語による情報も重要な役割を果たしています．ことばに頼らない日本独自のコミュニケーションでは，このような非言語情報を操り，意思疎通を行うわけです．

　ホールは，コミュニケーション活動が行なわれる状況に注目しコミュニケーターが状況から読み取っている情報量の違いから，高コンテクスト文化と低コンテクスト文化に分けました（図4参照）．ここでいう「コンテクスト」とは，コミュニケーションが起こる状況という意味で，具体的には非言語情報など，状況から発せられるすべての情報を示唆しています．日本を含めアジアの国々や中東諸国は，高コンテクスト文化で，低コンテクスト文化に比べてことばに頼る程度は低いのですが，反対に非言語への依存度が高まります．低コンテクスト文化では意思伝達に際して，状況からの情報よりことばに依存する程度が高く，北欧を中心とする欧米の国々は，この低コンテクスト文化に分類されます．状況から充分な情報を得られ，ことばに頼らなくとも意思疎通の可能な高コンテクスト・コミュニケーションは，ことばに依存する割合の高い，低コンテクスト・コミュニケーションに比べ，経済的で，充足度の高いコミュニケーション・スタイルです．

　このように効率のよい高コンテクスト・コミュニケーションですが，コミュニケーションが成立するためには，コミュニケーターが，

状況から得る情報に対して，同様の意味体系を構築できるかがカギになります．つまり，コミュニケーターが状況を同じように解釈できるのかがポイントになるのです．このためコミュニケーター同士はしばしば密な人間関係で結ばれていて，ある状況における行動パターンやコミュニケーションのルールも明白に決まっています．成員同士の結びつきが強い集団主義的文化圏にこのようなコミュニケーション・スタイルが顕著であることも，高コンテクスト・コミュニケーションの特徴を考えると納得がいきます．一方，低コンテクスト文化は，文化の成員の結びつきも弱く，高コンテクスト文化では可能な共通の意味体系を持つことが難しくなります．たとえば，皆さんもご存知のように，低コンテクスト文化の代表であるアメリカは，多文化・多言語社会で，さまざま価値観やコミュニケーション・スタイルを持った人が集まっています．このようなさまざまな背景を持つ人びとの間のコミュニケーションでは，状況から発せられる情報の解釈にもぶれが生じます．そのため，意思疎通を図るためには，どうしてもことばに頼る程度が高くなるのです．

　状況から発せられる情報によって，ある程度意思疎通の可能な高コンテクスト・コミュニケーションでは，話し手は，充分に言いたいことを言わなくても，聞き手に「わかってもらえる」という期待が生まれます．逆に，ことばによって伝えたいことをこと細かく説明することは，理解しようとする聞き手の自らの関与を妨げることにもなり，「さしでがましい」という印象を聞き手に持たれることさえあります（北山・唐澤，1995）．日本のような高コンテクスト文化が過度のコミュニケーションに対して否定的なのも，こうした背景があるためです．これに対して非言語を介した意思疎通が難しい低コンテクスト文化では，高コンテクスト文化のように話さなくても聞き手に「わかってもらえる」という「甘え」は通用しません．そのため自分の言いたいことをしっかりとことばにして伝えられる人がよいコミュニケーターになります．アメリカ人に代表される低コンテクスト文化で，言語を介した積極的なコミュニケーションが

評価される背景にはこうした価値観が関与しているのです．

3．おわりに

　本章では，異文化コミュニケーションの問題を，特に文化的価値観に注目しながら考えてみました．前半では，ホフステードの4つの文化的価値観やマーカスとキタヤマによる文化的自己観に触れながら，比較文化研究の方法とその問題点を考察しました．後半では，研究から明らかになった理論や知見が実際の異文化コミュニケーションの問題をどのように説明するのか，日米の就職面接の事例をもとに考えました．

　近年の政治経済のグローバル化に伴い，文化的背景の異なる人びとが接触する機会が増えています．本章でも議論してきたように，異文化の人びとと接触する際に伴うコミュニケーションは同一文化内で取り交わすコミュニケーションでは起こりえないさまざまな問題を含んでいます．それはコミュニケーション活動がある特定の文化での価値観や社会規範に深く根ざしているためです．結局，我々の持つ価値観や社会規範を再確認し，日本人のコミュニケーションの特徴について認識を高めることが，よりよい異文化コミュニケーションにつながるのです．

【注】
1）変数（variable）とは身長，性別，テストの得点など個人によって変わりうる数値を意味します．
2）日米の就職面接の事例は，著者の海外経験をもとに創作されたものですが，あくまで読者の理解を手助けする目的で書かれた架空の事例であり，一般化できるものではありません．

【参考文献】

[1] Barnlund, D. C. "Private and public self in Japan and the United States." Simul Press, 1975.
[2] Doi, K. "Two dimensional theory of achievement motivation." *Japanese Journal of Psychology*, 52, 1982. pp. 344-350.
[3] Ellliot, S., Scott, M.D., Jensen, A.D., & McDonough, "M. Perceptions of reticence: A cross-cultural investigation." M. Burgoon (ed.), *Communication yearbook* 5. 1982, pp. 591-602. New Brunswick, CA: Transaction Books..
[4] Gudykunst, W. B., Matsumoto, Y., Ting-Toomey, S., Nishida, T., Kim, K., & Heyman, S. "The influence of cultural individualism-collectivism, self construals, and individual values on communication styles across cultures." *Human Communication Research*, 22, 1996, pp.510-543.
[5] Hall, E.T. *Beyond culture*. New York: Anchor, 1976.
[6] Hofstede, G. *Cultural consequence: International differences in work-related values*. Beverly Hills, CA: Sage, 1980.
[7] Hofstede, G."Dimension of national cultures in fifty countries and three regions." J.B. Deregowski, S. Dziurawiec, & R.C. Annies (eds.), *Expiscations in cross-cultural psychology*. Lisse, Netherlands: Swets and Zeitlinger, 1983.
[8] Hofstede, G."Foreword." U. Kim, H.C. Triandis, C. Kagiteibasi, S-C Choi, & G. Yoon (eds.), *Individualism and collectivism: Theory, method, and applications*. 1994, pp. ix-xiii. Thousand Oaks, CA: Sage,.
[9] James, W. *The principles of psychology* (vol. 2). New York: Holt, 1980.
[10] Infante, D.A., Chandler, T.A., & Rudd, J.E. "Test of an argumentativeness skill deficiency model of interspousal violence." *Communication Monographs,* 56, 1989, pp.163-177.
[11] Kakai, H. *Examining the effects of independent and interdependent self-construals on the development of critical thinking dispositions. Unpublished doctoral dissertation*, University of Hawaii at Manoa, Honolulu, HI, 2001.
[12] Kashima, Y.,& Triandis, H.C. "The self-serving bias in attributions as a copying strategy: A cross-cultural study." *Journal of Cross-*

［13］ Kim, M.S. *Non-western perspectives on human communication: Implications for theory and practice.* Thousand Oaks, CA: Sage. 2002.

［14］ Jourard, S. M. "An exploratory study of body-accessbility." *British Journal of Social and Clinical Psychology*, 5. 1966, pp. 221-231.

［15］ Klopf, D.W., & Ishii, S. "A comparison of the communication activities of Japanese and American adults." *ELEC Bulletin*, 53, 1976, pp. 22-26.

［16］ Knapp, M. L., Hart, R. P., & Dennis, H. S. "An exploration of deception as communication construct." *Human Communication Research*, 1, 1974, pp. 15-29.

［17］ Kraut, R. E. "Verbal and nonverbal cues in the perception of lying." *Journal of Personality and Social Psychology*, 36, 1978, pp. 380-391.

［18］ Klopf, D.W. *Intercultural encounters: The fundamentals of intercultural communication.* Englewood, CO: Sage 1995.

［19］ Markus, H. R., & Kitayama, S. "Culture and the self: Implications for cognition, emotion, and behavior." *Psychological Review*, 98, 1991, pp. 224-251.

［20］ Markus, H. R., & Kitayama, S. "A collective fear of the collective: Implications for selves and theories of selves." *Personality and Social Psychology Bulletin*, 20, 1994, pp. 568-579.

［21］ Myers, D. *Social psychology*(2nd ed.). New York: McGraw-Hill 1987.

［22］ Prunty, A., Klopf, D., & Ishii, S. "Argumentativeness: Japanese and American tendencies to approach and avoid conflict." *Communication Research Reports*, 7, 1990, pp. 75-79

［23］ Richmond, V.P., & McCroskey, J.C. *Communication: Apprehension, avoidance, and effectiveness.* Scottsdale, AZ: Gorsuch Scarisbrick，1985.

［24］ Miller, N., Maruyama, G., Beaber, R. J., & Volone, K. "Speed of speech and persuation." *Journal of Personality and Social Psychology*, 34, 1976. pp. 615-324.

［25］ 北山忍・唐澤真弓「自己：文化心理学的視座」『実験社会心理研究』35, 1995, pp. 133-163.

[26] 北山忍・高木浩人・松本寿弥「成功と失敗の帰因：日本的自己の文化心理学」『心理学評論』38, 1995, pp.247-280.
[27] Smith, P. B. *Levels of analysis in cross-cultural psychology.* In W. J. Lonner, D. L. Dinnel, S. A. Hayes, & D. N. Sattler (eds.2002), Online Readings in Psychology and Culture (unit 2, chapter 7), (http://www.wwu.edu/~culture), Center for Cross-Cultural Research, Western Washington University, Bellingham, Washington USASmith, P.B., & Bond, M.H(1993). Social psychology across cultures: Analysis and perspectives. Needham Heights, MA: Allyn & Bacon.
[28] Stewart, E.C., & Bennett, M.J. *American cultural patterns: A cross-cultural perspective.* Yarmouth, Maine: Intercultural Press, 1991.
[29] 中根千枝『たて社会の人間関係』講談社，1972.
[30] 石井敏「序章　現代社会と異文化コミュニケーション」石井敏・久米昭元・遠山淳　編著『異文化コミュニケーションの理論』有斐閣ブックス，2001，pp. 1-7.
[31] Tasaki, K. *Culture and epistemology: An investigation of different patterns in epistemological beliefs across cultures.*Ann Arbor, MI: UMI Dissertation Services, 2001.
[32] Tasaki, K., Kim, M. S., & Miller, M. D. "The effects of social status on cognitive elaboration and post-message attitude: Focusing on self-construals." *Communication Quarterly,* 47 (2), 1999, pp. 196-212.
[33] Zuckerman, M., Depaulo, B. M., & Rosenthal, R. "Verbal and nonverbal communication of deception." *Advances in experimental social psychology,* 14, 1981, pp. 1-59. Academic Press.
[34] Wylie, R. C. *The self concept, vol.2: Theory and research on selected topics. Lincoln* . University of Nebraska Press, 1979.

第4章
相互行為とコミュニケーション
―― ゴフマンとエスノメソドロジーの視点

鶴田幸恵

1. はじめに

　コミュニケーションということばは，日常生活においても，それぞれの学問領域においても，さまざまな意味で使われています．たとえば，あるコミュニケーション論／学の教科書には，「人間社会では，自分の感情や態度，知識や情報などを相手に伝えたいため，言語や動作を用いて示すものであり，それを受けた相手がその意図を解し，それに応じた反応を示すことによって相互に満足のできる社会を作ることができるのである．このように考えると，人間社会の基礎はコミュニケーションにあるといってよかろう」という説明がありました[1]．これは，もっともなことに思えます．そのように思えるのは，この説明が，私たちの日常的なコミュニケーションということばの基本的な捉え方と，比較的近いものだからかもしれません．たとえば，相互理解や意思疎通といった捉え方です．
　この章で紹介する，社会学という学問領域の中の，E・ゴフマンという人物（また，彼の研究を受け継いでいる人びと）と，エスノメソドロジーといわれる研究方法をとっている人びとも，「人間社会の基礎はコミュニケーション」だということを，共有しています．しかし，ゴフマンとエスノメソドロジーは，コミュニケーションを「人間社会では……」と上で引用したようには捉えてはいません．では，それらの研究は，コミュニケーションをどのように捉えているのでしょうか？　またその捉え方によって，どのようなものが，コミュニケーションをめぐる問題として見えるようになるのでしょうか？[2]
　その説明を，まずは次節で，これまでのコミュニケーション論／

学の教科書[3]に書いてあるコミュニケーションの捉え方との「3つの違い」を指摘することで始めましょう．その後，その「3つの違い」と対応させながら，第3節でゴフマンの，第4節でエスノメソドロジーの，具体的なコミュニケーションの探求の仕方をそれぞれ紹介することにします．

2．コミュニケーション論／学のコミュニケーション観との「3つの違い」

（1）コミュニケーションを論じるなら，まず定義やモデルが必要？

　コミュニケーション論／学の中で，まず問題になっているのは，先に引用したような「コミュニケーションとは何か？」というコミュニケーション概念の定義や，「コミュニケーションとはどのようなものか」というコミュニケーションのモデルです．しかし，ゴフマンとエスノメソドロジーでは，コミュニケーションの定義やモデルがまず問題になる，ということはありません．なぜなら，定義やモデルから始めてしまうと，その定義やモデルの水準や範囲内でのみ，コミュニケーションを捉えることになってしまいがちだからです．ゴフマンとエスノメソドロジーは，コミュニケーションが何かだということを限定せず，ふつうコミュニケーションの外部にあると考えられているような事柄やあり方を，コミュニケーションの問題として広く捉えています[4]．

　では，ゴフマンとエスノメソドロジーが探求の対象としているものとは，何なのでしょう．それは，私たちが，その都度の状況において具体的に何をどのように行なっているのかということです．そこから，私たちが行っているコミュニケーションのあり方が，見出されていくことになります．さて，そのようなものとしてのみ見出されることが可能なコミュニケーションのあり方とは，いったいどのようなものなのでしょうか？

(2) コミュニケーションの基本は相互理解？

　自分の意図が相手に上手く伝わらないということは，よくあることだと思います．コミュニケーション論／学では，上手く伝わらないことをディスコミュニケーションといい，それ自体を研究する分野があります．一方，上手く意図が伝わるのは，そもそも言葉の意味は多義的で曖昧だったり漠然としたりしているが，文脈や状況によってわかるからだとされます．なぜなら，何かをすることには冗長性が伴うからです．冗長性とは，「意味を伝えるときに最低限必要とされる要素以上のものが用いられていること」を指すそうです[5]．つまり，何かを伝えようとすると，伝えようとはしていないけれど伝えようとしていることにぴったりの情報が一緒に伝わっているから，ことばの意味がはっきりし，それによって相手の意図がわかることでコミュニケーションが上手くいくということです．

　しかし，上手く意図を伝えられない私と，私の意図を上手く汲み取れない相手は，それでも何らかのやりとり，つまりコミュニケーションをしているということが言えます．たとえば，私も相手も本当はかみ合っていないと気づいていても，まぁいいかと話を続けたりしますし，私も相手も話がかみ合っているつもりで話をしていても，もう一人の誰かから見たら，本当はかみ合っていないことがわかります．そこでは「かみ合ってはいないけれどもかみ合っているかのような」コミュニケーションが行なわれているわけです．

　ですから，ゴフマンとエスノメソドロジーは，コミュニケーションにおいて「意図が上手く伝わっているかどうか」という区別には重きをおいていません．この点でも，コミュニケーションというものを広く捉えているのです．ただそうはいっても，実際のやりとりの中で相互理解ができたりできなかったりすることが，コミュニケーションの参加者自身によってわかるということを否定しているのではありません．また，ことばの意味が「文脈や状況によってわかる」ということにも，異論はありません．むしろ，ゴフマンにとって状況，エスノメソドロジーにとって文脈はキーワードであり，こ

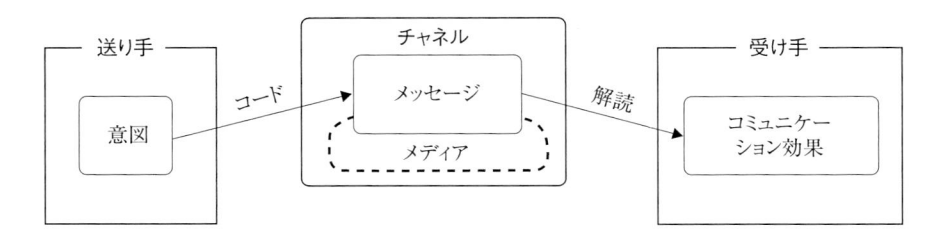

```
┌─ 送り手 ─┐         ┌── チャネル ──┐         ┌─ 受け手 ──┐
│        │  コード  │  メッセージ  │  解読   │ コミュニケー│
│  意図  │─────────▶│              │────────▶│  ション効果 │
│        │         │ ┌ - メディア ┐ │         │            │
└────────┘         │ └ ─ ─ ─ ─ ─ ┘ │         └────────────┘
                   └──────────────┘
```

図1　コミュニケーションモデルの例 [7)]

とばの意味は，それらに徹底的に依存していると考えらえています．では，必要以上のことが伝わっていなくてもわかるという，そのわかり方とはどのようなものなのでしょうか [6)] ？

(3) 意図が正しく伝わることが，コミュニケーションの成功？

　これまでは，コミュニケーション論／学が使っている意図ということばを使って説明をしてみましたが，これからは，その意図というもの自体を問題にしたいと思います．「はじめに」で引用したコミュニケーション論／学の教科書の文章を，モデルを用いて，もう少しコミュニケーション論／学的にかみ砕いてみましょう．

　まず，何らかの伝えたい「意図」をもっている「送り手」が，それを何らかの「メッセージ」として表現し，「受け手」に伝えようとします．この時，「メッセージ」が何によって伝えられるか，たとえば声なのか身振りなのかというような伝達するための手段のことを「チャネル」と呼んでいます．そして，「送り手」が，たとえば声という「チャネル」を用いた時に，直接話すのか電話なのかなどの道具である「メディア」を介して「メッセージ」を伝えます．その結果，「受け手」に起きる何らかの効果が，「コミュニケーション効果」です．そうすると，今度は「受け手」であった人が，「送り手」であった人に同じ過程を経て「メッセージ」を送ります．このようにして，「受け手」と「送り手」の交代が頻繁におこることで，

双方向的なコミュニケーションが起こり，相互理解が可能になるというわけです[8]．

　この説明の中では，「送り手」や「受け手」である私の意図が，前提になっています．つまり，まずは何かしらの意図を持った私がいて，私が「送り手」や「受け手」となって，他の人びととコミュニケーションをするのだというように考えられているのです．私たちは，ふつう，そのように考えているのではないでしょうか．それに対して，ゴフマンとエスノメソドロジーは，私の意図というものを前提にしません．その理由は何であり，また前提としないことで，どんなことが見えるのでしょうか？

　では，以上の「3つの違い」から出てきた疑問に答えながら，ゴフマンとエスノメソドロジーによるコミュニケーションの探求の仕方を，紹介していくことにしましょう．

3．相互行為秩序はいかにして可能か　――ゴフマン

(1) コミュニケーション≦相互行為　――探求の対象は相互行為秩序

　ゴフマンは，一つの空間の中に，何人かの人が居合わせているという状況から考察を始めました．同じ空間のなかに複数の人びとが一緒にいるということが，コミュニケーションの始まりだというわけです．私たちは，そこで，他者とお互いにやりとりをします．やりとりとは何かをすること，つまり行為することであり，また，相互的なものです．

　ここで，行為が相互的であるとは，相手が私をどう見ているのかを私が把握し，また相手も私が相手をどう見ているのかを把握しているだろうという予測と関連づけて，私たちが行為をしているということです．つまり，やりとりは行為者相互に影響を与えるものなのです．このような行為を，相互行為といいます．ゴフマンは，このある状況における相互行為というもの自体を，社会学の研究課題として上手く提示した人物です．

　一方，コミュニケーション論／学の中では，相互行為はコミュニ

ケーションのタイプの1つだとされています[9]．しかし，ゴフマンでは，コミュニケーション論／学の挙げるタイプのすべてが，相互行為の中に含まれています．ですから，ゴフマンにとって，コミュニケーションと相互行為は同じことを指していると同時に，後で詳しく述べますが，先に説明したコミュニケーション論／学のモデルがコミュニケーションを意図を介した相互理解だと前提していたのよりも，広く捉えることになっています．またエスノメソドロジーもこの点ではゴフマンと同様であり，後で説明するように，相互行為ということばをコミュニケーションの意味で使っているということができますので，これからは，コミュニケーションに代えて相互行為を使うことにしましょう[10]．

　ゴフマンの話は，人がある場の中に入っていくところから始まります．そこにあるのは，私がそこに居合わせた人びとを見て，居合わせた人びとが「居合わせた人びとを見る私」を見て，さらに，私が「『居合わせた人びとを見る私』を見ている居合わせた人びと」を見る……という時間的に，そして空間的に境界づけられた場です．

コラム：ゴフマン

　E・ゴフマン（1922-82）は，カナダに生まれ，アメリカで活躍した社会学者です．その研究の特徴は，ある状況に固有のやりとりを焦点化し，そのやりとりを社会的世界を組織化する過程として取り扱ったことです．日本語で読める本に，『行為と演技——日常生活における自己呈示』（石黒毅訳，1974，誠信書房），『集まりの構造——新しい日常行動論を求めて』（丸木恵祐他訳，1980，誠信書房），『アサイラム——施設被収容者の日常世界』（石黒毅訳，1984，誠信書房），『出会い——相互行為の社会学』（佐藤毅他訳，1985，誠信書房），『スティグマの社会学——烙印を押されたアイデンティティ（改訂版）』（石黒毅訳，2001，せりか書房），『儀礼としての相互行為——対面行動の社会学（新訳版）』（浅野敏夫訳，2002，法政大学出版局）があります．

まず，ある場に入ると，私たちは「そこでは何が起こっているのか？
どんな状況なのか？」ということを見定めます．そして，その判
断——状況の定義——に相応しいようにふるまいを調整します．電
車の中では，授業では，バイト先では，合コンでは，家では，どん
な服装をするか，どう視線を向けるか，何を言うか，どれくらいの
声の大きさで，声色で話すか，どんな表情をするか．つまり，周り
から浮いてしまわないようにするのです．
　たとえば，独り言は，通りを歩いているという状況では不適切で
す．ぶつぶつ何かを言っている変な人になってしまいます．しかし，
バスに乗ろうとして急いで走ったのにバスが目の前で行ってしまっ
た時，「あーあ」とか「乗れなかった〜」とか言うことがあります．
また，歩いていて段差につまずいた時，「危ない！」とか「なんで
段差があるの？」とか言ったりします．これは，私を見ている人に，
走ったのにバスに乗り遅れたり，つまずいたりしたという気まずい
ことに関して，何らかの言い訳をしているのです．このようにして，
私たちは，その場に適切になるように，ふるまいを調整しています．
　一方，居合わせた人びとにとっての状況の定義も，私が入ってき
たことによって影響を受けます．そして，同じように，ふるまいが
調整されます．そうしなければ，その時どきの状況の定義が壊れて
しまうからです．その結果，その場におけるふるまいは整えられ，
その場の状況の定義に合った形式を持つことになります．つまり，
そこには，その状況に固有なふるまいの，そしてふるまいのやりと
りの秩序——相互行為秩序——が存在することになるのです．
　さて，ある状況の中で，お互いに見ることができるのは，そこに
現れていると見なされうる身体とふるまいです．ということは，ゴ
フマンは身体を外見として取り扱っているということになります．
私たちは，その外見とふるまいを，カテゴリーとして把握します．
カテゴリーとは，私たちが用いている，たとえば「女−男」「大人
−子供」などというような，人の分類の仕方のことです．状況の定
義は，その場にどんな人がいるかによって変わりますから，どのカ

> **コラム：トランスジェンダー**
>
> 　ふつう性別とは，女と男からなるというように考えられています．そのどちらでもなかったり，どちらでもあったりするような場合も，「性別とは女と男からなる」という考え方を基礎としたバージョンにすぎません．トランスジェンダーとは，このように考えられている性別を，女→男あるいは男→女に，一時的に，あるいは恒常的に変更しようとする人びとを名指したカテゴリーです．近年よく聞かれるようになった性同一性障害というのは，このトランスジェンダーを，精神医学という見方から名指したカテゴリーです．私たちは，性別が2つであると考えているがゆえに，これらのカテゴリーによって性を越境するという行為を名指し，また，これらのカテゴリーを他者に適用したり，自らに適用したりするのです．

テゴリーだと見なされるかによって，私がどうふるまうべきなのかも，そして周囲の人びとからどう扱われるのかも変わってきます．
　このことを，私が男から女へのトランスジェンダーな人びとにしたインタビューを使って，見てみたいと思います．

　A（これ以降に登場する会話のB，C，）がインタビューの相手，Tが私，……は省略です（また，これ以降に用いる他の会話の丸括弧内は，私の註です）．

　T：中途半端で苦しいっていうのは，
　A：……社会的に自分がどう見えるのかわからないっていうことが不安だった．どういう風にふるまっていいのかよくわからなかった．無理に男らしさを身につけてて，そっからスタートするじゃない？で，男としてふつうに見える外見から来て，姿が中途半端になってもう，相手がどう判断するのかわからずに，自分がどういうふうにふるまっていいのかよくわ

からなかった．で人に男なのか女なのかって推し量られるみたいな，局面に立つのがすごい嫌だったから．

　Aさんは，外見を男から女に移行する間に，女にも男にも見える外見だった時があったそうです．その時には，相互行為の相手が自分を女だと見たのか男だと見たのかわからず，そうすると，どうふるまっていいのかもわからなかった，と述べています．つまり，Aさんは，その場にいる人にとって，そこにどんな人がいることになっているのかがわからず，状況の定義ができなかったので，それに合わせてふるまうこともまた，できなかったのです．そして，そのような状況は，とても不安なものだとAさんは述べています．
　もう一つ，見てみましょう．

　　B：うん，前クラブに行った時に，（事情を知らない人からは男だと見られて生活しているままの格好で）髪の毛とかピンで留めて，ちょっと，何だろう，女モードでクラブに行った時に，その調子に乗って，女子トイレに入ってみて，いっぱい女の人がいたんだけど，女の人，鏡と対決してるじゃん，トイレで．私も真似して対決してたら，誰もぜんぜん気付かなくって，そのまま友達とトイレでしゃべってたんだけど，誰も何とも，見てなかったから，あー，なんだって思ったけど……．

　まだ男として生活をしていたBさんは，クラブに行った時には，髪をピンで留めただけだったので，女だと見られるとは思っていませんでした．でも，女友達と一緒にいた勢いで女子トイレに入ってみました．そうしたら，居合わせた人びとから女だと見られたのです．そのため居合わせた人びとは，他の女の人が入ってきたのと同じように鏡と対決し続け，Bさんもそれに合わせて鏡と対決したり友達とおしゃべりしたりしました．つまり，Bさんは，女子トイレ

という状況の定義に合わせて，上手くふるまったのです．

　このAさんとBさんの話からわかるように，どのカテゴリーだと見られるかは，状況の定義に影響を与るものであり，そのため，その場のふるまいにも影響を与えるものです．私たちは状況の定義に相応しいふるまいの調整に習熟しており，それによって，ふるまいがある種の形式を持つようになり，その状況の秩序は可能になっている，というのがゴフマンの主張です．

　ここで重要なのは，第1に，ゴフマンが，コミュニケーション論／学が一般的に扱っているような具体的な誰かとのやりとりではないようなものを，相互行為として議論の出発点にしていることです．ゴフマンは，そこに身体があり，ふるまいを見る／見られることだけでも相互行為だとします．何をしていようが私たちは無数の視線にさらされ，他者に向かってふるまっている——自己呈示している——と見なされるからです．第2に，ゴフマンは，言語的コミュニケーションと非言語的コミュニケーションを取り立てて区別することなく，その総体を相互行為だとしています．それらは両方とも，自己呈示するもの／されていると見られるものだからです．これらの広い意味での相互行為に現れる相互行為秩序が，どのようにして可能になっているのかを，ゴフマンは探求の対象としたのです．

(2) そこで何が起きているかはフレイムによって秩序づけられる

　さらに上の2点に加え，第3に，ゴフマンにとっては，「お互いの意図が上手く伝わる／伝わらない相互行為」という対では，説明しきれないものがあります．なぜなら，先に述べたように，何を伝えたいかとは別の問題として，何かが伝わったり伝わらなかったりするというのが相互行為のあり方だからです．そして，それゆえに相互行為秩序とは，その状況にいる人びとの外見やふるまいによって支えられていながらも，ちょっとした調整の不備で崩れてしまうような，もろいものでもあるからです．そのように，上手くいくこともいかないこともあり，もろいものであるからこそ，「相互行為

秩序はいかにして可能になっているのか」と問うことには，大きな意味があることになります．では，そのような相互行為秩序が，どのようにして可能になっているのかに関するゴフマンの考察のいくつかを，ここでは紹介することにします．

まずは，Aさんとの会話の最後の方を，もう一度見てみましょう．

A：…………で人に男なのか女なのかって推し量られるみたいな，局面に立つのがすごい嫌だったから．

Aさんは，人に性別を推し量られることをすごく嫌なことだと言っています．推し量られるというのは，どういうものでしょうか．他の人から，一体どちらなのだろうとじろじろ見られたり，戸惑われたりするということが思い浮かびます．たとえば，私たちは，エレベーターや電車の中に居合わせた人を，じろじろ見たりはしないものです．ゴフマンは，凝視や当惑とは，かなり不適切な外見に対する制裁だと述べています．その状況の中では不適切だから，何とかしろというわけです．つまり，人が女か男かわからない外見というのは，かなりの程度，不適切だと見なされているものだということが，ここからわかります．

このように，適切でない外見をじっと見つめてしまうことは，見られる人にとって制裁となり，その制裁を受けた人は，あるいは受けるかもしれないと予測できる人は，制裁を避けるために，外見をふさわしいものに修正します．ここでは，意図が上手く伝わっているのかいないのか，つまり相互理解が可能になっているのかどうかということは，問題になりません．ただ，他の人たちと居合わせており，ふるまいや外見がそこに現れているという事実によって，調整が行なわれるのです．その結果として，その時・その場での状況における相互行為秩序が，現れてくるということになります．

では，状況の定義に沿うものと沿わないものは，どのようにして現れるのでしょうか？　ゴフマンは，私たちがその時・その場での

状況の定義に合うよう，そこで起きている雑多な出来事の流れの中から，関係のあるものとないものを取捨選択することで，その状況の定義の中での経験というもの自体を可能にしているものを，フレイムと呼んでいます．つまり，何らかの経験をすることができているということは，私たちが，すでにフレイムするという作業に従事しているということです．そのようにして，私たちのその時・その場での状況への関わり方は，フレイムによっているのです．

　これは，どういうことでしょうか．たとえば，インタビューという場面を考えてみましょう．インタビューという状況は，私が質問し，インタビューの相手が答えるという相互行為がなされる場です．その「質問する−答える」ということを，その場でのメインの関わり方であると規定するのがフレイムです．

　私はインタビューという場面において，「質問する−答える」ということにメインに関わりながらも，別のことをしています．たとえば，インタビューをする中で，携帯電話がバイブレーションしているのに気づいたり，インタビューとは関係ないことを思いついてメモしたりします．しかしそれらの行為は，メインのインタビューにかかわる行為と同時に進行していながら，してはいないことになっています．

　また，私はインタビューの聞き手として，自分のことを長々と話すことを避けるとか，あくびを我慢するとかする一方で，あいづちを打つ，身を乗り出すなどして，インタビューにメインに関わっているのだということを示します．これらの私の行為は，自分の行為をフレイムにかみ合わせることになっています．そうすることで，インタビューという状況自体がなりたち，またインタビューする／されるという経験も可能になっているのです．

　しかし，フレイムによって経験が可能になるということと，フレイムの破綻は，常に隣り合わせです．たとえば，インタビューとは関係ないことを思いついてメモしたことが露呈したり，思わずあくびをしてしまったりするかもしれません．もちろん，そうすると言

い訳をしたりして，なんとか破綻を修復しようとやりくりするわけですが，いつ，やりくりしきれない破綻が起こるともしれません．ただ，そうはいっても，上手くやるしかないのです．しなければ，私はインタビューという状況に相応しくない人物になってしまうからです．

　このように，相互理解とは別の水準で，私たちが，その時・その場において，バランスに配慮しながら関与の外見を保つという作業に従事することで，その時・その場の相互行為秩序は可能になっているというのがゴフマンの指摘です．そしてこのことが，私たちがどうふるまうか，どう相互行為するのかが，徹底的に状況と関連している，状況に依存しているということの意味なのです．

(3) 状況から現れるものとしての私の意図

　では，ゴフマンが相互行為秩序について考察する際に，私の意図というものが前提にはなっていないとは，どういうことなのでしょう．私たちはふつう，「私が伝えたいと思っていることは，正しく伝えることができるし，相手が伝えたいと思っていることも，正しく伝わっているはずだ」という信念を持っているようです．その信念を持って，相手と関わるわけです．しかしその一方で，これまで見てきたように，私たちが直接見ること／知ることができるのは，外見とふるまいでしかありません．何気ない一言や，うっかりしてしまった表情は，状況の意義に沿わないものとして一人歩きしてしまうかもしれませんし，私がそれを修正するようにふるまえるとも限りません．また，私がふるまっているつもりのないふるまいが，相手には見えているかもしれません．つまり，私が何を意図しているのかということは，その状況で見えるものでしかありえないのです．そうすると，ゴフマンにとって，私の意図は，あるものではあったとしても，相互行為における現れであり，効果だということになります．

　また，私の意図と同様に，私がどんな人であるかということも，ある状況の中から見出されるものです．たとえば，3-1で，Bさ

んが女だと見なされた話を，思い出してみてください．女子トイレという状況に居合わせた人びとがBさんをその状況に「不適切でない外見をしている」人物と見て，Bさんもそのまま女子トイレという状況の定義に相応しくふるまうことで，Bさんはその場にとけ込んだのでした．そこでは，Bさんが本当は女であるのか男であるのかも，またどういうつもりで女子トイレに入ったのか，というBさんの意図も関係がありません．ただBさんが女だと見なされ，それに不適切でないふるまいをしていたので，「女子トイレにいる人」＝「女」だとされた，ということです．このように，私がどんな人であるのかということもまた，相互行為における現れであり，効果なのです．

　私たちは，見られる人であると同時に，見る人です．コミュニケーション論／学のことばを借りれば，「メッセージ」の「送り手」であるまさにその時に「受け手」でもあるのです．その「送り手」であると同時に「受け手」でもある私たちは，自分や相手の意図は正しく伝わる／伝えられているという信念によって，本当に正しく伝わっているのかどうかをチェックする機会自体を，あえて持つという状況にならない限り，たいてい持つことはありません．むしろ，そのことによって，その状況における相互行為は，秩序だったものとして成りたっているのです．

　以上のように，ゴフマンが「相互行為秩序はいかにして可能か」を明らかにしようとする見方からすると，私の意図は，ふるまいや相互行為における現れであり効果だということになります．もちろん，ゴフマンが，私たちは意図などもっていないと言っているということではありません．私たちが，意図を相互行為における現れや効果として取り扱っていることに注目することによって，「相互行為秩序はいかにして可能か」ということが，上手く探求できるものになっているのです．

4. 相互行為秩序を現象として記述する　——エスノメソドロジー

(1) 相互行為秩序の記述の仕方　——具体例としてのカテゴリー

　エスノメソドロジーにとっての相互行為とは，相互行為の参加者たちが，自分が何をどう見ているのかをお互いに示し合いながら，その相互行為を一緒に作り上げていくというものです．私たちは，常に，この相互行為を作り上げるという作業にたずさわっています．まずは，私が初めてしたインタビューで起きたことを例に，話を始めましょう．

　　T：……トランスを始めた頃の話から，聞けたらなぁと思うんですけど．
　　C：それは，それは社会生活ってこと？それとも見た目とかそういう．
　　T：社会生活ですかね．
　　C：社会生活．
　　T：最初にやろうと思った，前，私，……お聞きしたと思うんですけど，最初女装関係の方（女装のできるバーなどのこと）に行かれたとか．
　　C：行かれたねー．
　　T：勘違いとか，された．
　　C：うん．自分がなんなのかも，わかってなかったから，この間も話をしたけど，男性に生まれたことはわかってて，男性が好きだから，ホモセクシュアルだと思って．でも，なんか綺麗でいたいとか，可愛く思われたいとか，そういう気持ちはすごくあったし，ひげが生えてたこととか，声が低かったりとか，そういう男性の特徴とされるようなことが，すごく嫌だったんですね……

　私は，インタビューするのが初めてだったので，Cさんがトランスジェンダーとしての経験をどのように話すのか，また，何を聞け

ばよいのか，わかりませんでした．Cさんも，社会学をやっている学生にインタビューされるのは初めてでしたから，何をトランスジェンダーの経験として話すべきかわからなかったと思います．

とりあえず，私はトランスの始まりについて聞きたいと切り出したのですが，Cさんに，その始まりとは社会生活についてか，外見についてか？ と，聞き返されています．私はそれに対して，社会生活だと答えたのですが，そこでCさんが話し出したのは，ホモセクシュアルだと思っていたけれど，男性の特徴だとされることが嫌だったこと，つまり今の自分を（ホモセクシュアルではなく）トランスジェンダーだと根拠づけている理由でした．

この会話は，あまりかみ合っていません．お互いがお互いの意図を捉え損なっているからかもしれません．でも，インタビューは進んでいきました．なぜなら，インタビューという相互行為において

コラム：エスノメソドロジー

エスノメソドロジーは，H・ガーフィンケル（1917-）が命名した研究プログラムです．その特徴は，理解可能に組織だったやり方でなされている人びとのやりとりが，その都度の状況に応じていかになし遂げられているのかという人びとの方法を記述するという方針です．現在では，ガーフィンケルの発想を引き継いだH・サックスやE・シェグロフに代表される「会話分析」，M・リンチに代表される「ワークの研究」，J・クルターに代表される「論理文法分析」などが展開されています．またその方法の利用は，社会学だけでなく，心理学，認知科学，言語学，日本語教育学など，さまざまな領域に及んでいます．日本語で読める本には，『エスノメソドロジー——社会学的思考の解体』（ガーフィンケル他，1987，せりか書房），『日常性の解剖学——知と会話』（サーサス他，1989，マルジュ社），『エスノメソドロジーの現実——せめぎあう〈生〉と〈常〉』（好井裕明編，1992，世界思想社），『エスノメソドロジーの想像力』（山田富秋他編，1998，せりか書房）などがあります．

特に重要であるのは，主に私が「質問」し，Ｃさんが「答える」というやりとりの文脈だからです．私やＣさんの意図とは無関係に，そして会話が上手くかみ合っていないとしても，基本的に「質問する─答える」という連なりを，Ｃさんと私が示し合っていたので，そこはインタビューという相互行為の場面であり得ることができていたのです．

　しかし，単に，「質問する─答える」という連なりの積み重ねがインタビューという場面を作っている，ということではありません．ゴフマンのところでも説明したカテゴリーを例に，もうちょっと見てみましょう．人はカテゴリーとして把握されると述べましたが，このように捉えるのは，エスノメソドロジーも同じです．エスノメソドロジーにおけるカテゴリーに関する研究は，特に（コラムでも紹介した）Ｈ・サックス（1935-75）のアイデアから，さかんに展開がされています．ここでは，カテゴリーが使われる時の，正しさと適切さという区別に注目してみましょう．

　たとえば，私は，「女」であり「娘」であり「日本人」で，一応「大人」だけれどまだ「大学院生」で，特に「トランスジェンダーについて知りたいと思っている社会学徒」などなどだということを，私自身知っています．ですから，「私は娘だ」と私が言うのは正しいことです．しかし，インタビューをするという文脈では，娘だからではなく，トランスジェンダーについて知りたいと思っている社会学徒だからこそ，私はインタビューをしているのです．ですから，インタビューの場面では，「私はトランスジェンダーについて知りたいと思っている社会学徒だ」と言うのが適切なことです．

　これに関連して重要なのは，あるカテゴリーが適切である時には，その一つのカテゴリーだけではなく，同時にカテゴリーの集合が適切になる，ということです．たとえばインタビュアーというカテゴリーは，「インタビュアー／インタビュイー（インタビューされる人）／録音係……」という集合，つまり「インタビューの場にいる人」というカテゴリー集合の要素です．ですから，やはり「私は娘

だ」ということが正しくても，この場面では，「私はインタビュアーだ」というのが，適切なことです．

　さらにもう一つ重要なのは，あるカテゴリーである人は，同じ集合の他のカテゴリーの人に対して，決まった係わり方をすることが期待されているということです．たとえば，インタビューの場面において，インタビュアーである私は，トランスジェンダーとしての経験については，よく知らない「素人」であることが期待されています．ですから，私がトランスジェンダーに関する社会学的研究についてはＣさんより詳しいとしても，ここでは「素人」としてふるまわなければならないことを私自身，承知しています．そして，そのように私がふるまうことによって，つまり私が「インタビュアーであること」をすることによって（同時にＣさんが「インタビュイーであること」をすることによって），この場面はインタビューであるとわかることができるのです．

　このように，エスノメソドロジーは，カテゴリー分けをその時・その場面の相互行為の内にある特徴だとしています．カテゴリー分けとは，客観的な現実を切り分けること，すべての現実を代表できる普遍的なものではありえないのです．カテゴリー分けは，現実の中で実際に用いられながら，むしろ現実を作り出すための資源になっています．そして，それぞれのあり方で，活動の中に埋め込まれ，秩序だってなされているのです[11]．このことから，コミュニケーション学／論のように，相互行為のあり方を定義しモデル化することは，そもそもできない，ということがわかります．

　ですから，エスノメソドロジーは，その時・その場面で起きていること（現象）が，その相互行為において，また，その相互行為として，どのようなやり方でなし遂げられているのかを記述するということを，相互行為秩序を探求する方法としているのです．

(2) ことばの意味は，そもそも曖昧ではない

エスノメソドロジーにとって，ことばの意味（そして行為の意味）が徹底的に文脈に依存しているということは，上でも見たように，エスノメソドロジーが文脈を場面の理解に欠かせないものだとしていることからわかると思います．しかし，そもそも，ことばの意味は曖昧だったり，漠然としていたりするのでしょうか？[12)] 会話の例を見てみましょう（なお，この会話は，私が行なったインタビューとは関係がありません）．

　　A：授業が終わった後，暇？
　　B：ごめん，バイトがあるんだ．

　ここでAさんの「暇？」という発言は，Bさんに対する質問になっています．私たちは，Bさんがそれに対して「ごめん」と言っていることから，Aさんの発言が質問ではなく誘いだったのだということを理解することができます．Aさんの「暇？」という発言が誘いであることも，それに対するBさんの「ごめん」という発言がAさんの誘いに対する拒否だったということも，文脈から明らかです．
　では，この会話のつづきを見てみましょう．

　　A：授業が終わった後，暇？
　　B：ごめん，バイトがあるんだ．
　　A：いや，先生が研究室に来て欲しいって．

　Aさんは，Bさんの拒否に対して，「いや」と言っています．AさんはBさんの発言を，そうではないと否定しているのです．そして，「先生が研究室に来て欲しい」と言っているのであって，Aさん自身がBさんを誘っているのではないことを示しています．つまりAさんは，Aさんではなく「先生が研究室に来て欲しい」と言っているという事実を描写することを通して，Bさんの「Aさ

んのことばに対する受け取り方」を，訂正したのです．

　ここで，Aさんの「暇？」という発言が曖昧だったからBさんは「Aさんのことばに対する受け取り方」を間違えたのだというように，考えることもできるかもしれません．そうはいっても，そのように考えられるのは，「暇？」という言い方自体が，そもそも曖昧な／漠然としたものだからではありません．Aさんの「暇？」ということばが曖昧な／漠然としたものであるように思えるとするなら，それはBさんがAさんの発話を誤解して受け取り，Aさんから訂正をされたことによる効果としてなし遂げられていることです．

　このように，何が語られているのかを私たちがわかることができるということも，語られたことが曖昧な／漠然としたものに思えることも，その時・その場面でなされている相互行為の特徴であって，「暇？」ということばや言い方自体の特徴ではないのです．

　もちろん，会話のやりとり自体が曖昧であるということも，よくあることです．たとえば「意味深な会話」などと呼ばれているものは，そういうものです．しかし，その会話における曖昧さもまた，その会話の中で，曖昧さとしてなし遂げられるものです．つまり，曖昧さ，明瞭さ，そして4-1で例に出したかみ合わなさ（意図が伝わり合っていないような会話）などは，それ自身として，はっきりとわかる形で，相互行為の中に現われるもの，相互行為の中でなし遂げられるものなのです．それゆえに，私たちは，本当はAさんが何を考えていたのかをBさんが理解できたのかどうか，つまり相互理解が本当にできていたのかどうかとは，また別のこととして，そこでの会話が曖昧だとか明瞭だとかかみ合っていないとかいうことを，端的にわかることができるのです．これが，エスノメソドロジーにとって，その時・その場面で行なわれている相互行為におけるふるまい，そして会話におけることばの意味などが，徹底的に文脈に依存しているということの意味だということになります．

(3) 私たちは心の中を直接見ることはできない

　では，エスノメソドロジーが意図という私の心の中にあるとされているものを，どのように取り扱っているのかを紹介しましょう．まず，「人びとは意図を持って何かをするものだ」という考え方は，とても日常的なものです．たとえば，そんなつもりじゃなかったとか，それはこういうわけだったとかいうように，自分のしたことを説明することがあります．たとえば言い訳などがそうです．しかし，私たちが常に言い訳をしながら生活しているかというと，そうでもありません．常に言い訳しながら生活しているような人は，「言い訳がましい人」だと言われることからも，わかると思います．たとえ，さまざまな機会に私たちが自分の意図を説明しているからといって，すべての相互行為が意図を説明するものだと結論づけるわけにはいきません．

　にもかかわらず，意図を説明するという場面を，あたかもすべての場面を代表しているものであるかのように考えてしまうと，常に意図が行為者の頭や心の中にあるものであるかのように，錯覚してしまうことになります．しかし，私たちは相手の頭や心の中を見ることはできません．見ることができるのは，そこで何がなされているのか，何が起きているのかということだけです．それを，相手の心の中にある何かとして見ることはできても，心の中自体を見ることはできないのです．

　では，「人びとは意図を持って何かをするものだ」という考え方をどのように捉え返したらいいのでしょうか．このように転換してみてはいかがでしょう．自分の意図を説明することがあるという時の，説明するということとは，他の人とやりとりをすること，つまり相互行為をすることだ，と．エスノメソドロジーは，このように転換をすることで，意図をその相互行為の中に現れるもの，相互行為の中に埋め込まれたものだとしています．

　4-2の例を，もう一度見てみましょう．

第4章　相互行為とコミュニケーション　109

A：授業が終わった後，暇？
　　B：ごめん，バイトがあるんだ．
　　A：いや，先生が研究室に来て欲しいって．

　この会話を,「Aさんの意図」というもので解釈することもできるでしょう．たとえば,こんなふうにです．Aさんが,最後の行で「いや」と言ったのは,Bさんの「ごめん」という発言が,Aさんが「暇？」ということばで言おうと意図していたこととは違ったからだ，というような具合にです．

　しかし，4-2で見た時に，私たちは，そんなふうにして，この会話で何が起きているのかを・わ・か・っ・たのでしょうか？　Aさんの「暇？」という発言が，Bさんの「ごめん」という発言によって，質問ではなく勧誘だったのだということを，私たちは・端・的・にわかったはずです．また，Aさんの「いや」という発言が，Bさんの「ごめん」という発言の訂正であることもまた，・端・的・にわかるものです．さらにその時の，Aさんの「いや」という発言は，「いや，そんなつもりじゃなかった」という「いや」ではなく，「いや，そういうことじゃなくて」という単なる否定だということが，この会話の文脈からわかります．私たちは，そのようにして，相手の言っていることを，その時・その場面の相互行為の中で，たいてい・端・的・に理解しています．

　もちろん，解釈がなされることもあります．「それって，こういうこと？」というように，解釈をするということもまた，日常的な営みです．しかし,その場合には,「それって，……」というように，たとえば自分がよくわかっていなかったり自信がなかったりすることが示される説明がなされ，その説明が解釈として，会話の中に現れます．そのようにして現れるということによって，私たちは，その説明が解釈であることを，・端・的・にわかることができるのです．

　以上のように，意図というものをあらかじめあるものと前提にするなら，それを資源として用い，解釈することはできます．しかし，

私たちは，普段はそんなふうに，いちいち解釈をすることなどせずに，端的にものごとを理解できています．だからこそ，スムーズな会話をすることができるのです．つまり，意図を説明するということは，私たちの日常的な営みではあっても，そのような営みがなされる場面での，会話の文脈でのことであって，私たちが四六時中していることではないのです．ですから，その時・その場面でなされている相互行為を記述することが重要になります．エスノメソドロジーは，その方法によってこそ，私たちの日常的な心や意図のリアリティのあり方を，探求することができるとしているのです．

5．おわりに

　コミュニケーション論／学は，私の伝達した意図を相手が解釈して理解し，伝達された相手の意図を私が解釈して理解するという，相互理解を前提としたコミュニケーションのモデルを作っています．ゴフマンとエスノメソドロジーは，それによって見えなくなってしまうコミュニケーションのあり方を捉えています．私や相手が伝達しようとした意図の理解が本当に的確になされているのかは，結局のところ，わかりようのないものです．ゴフマンのところで述べたように，意図は，その時・その場の状況における相互行為のなかに，外見やふるまいとして現れるものでしかないからです．そしてエスノメソドロジーのところで述べたように，むしろ，私たちは，私の行為を相手にとって，相手の行為を私にとって相互に，また第三者から見ても端的にわかるものだということを当然のこととし，そのことについて逐一解釈することなしに，相互行為を行うことができます．なぜなら，相互行為は，その時・その場面の文脈に徹底的に依存して，なし遂げられるものだからです．そうすると，ゴフマンとエスノメソドロジーの探求が私たちの営みを相互行為として捉えることによって，相互行為の中には，コミュニケーション論／学がそのモデルの前提としている相互理解としてなし遂げられるものもあるのだと，逆に示したということができます．

以上のように，ゴフマンとエスノメソドロジーの相互行為の探求の仕方は，第1に「人びとの内面を観察することで正しい認識が得られる」と考えるものでも，第2に「人びとの主観から出発し，主観の反省作用や意味付与作用から行為を把握できる」と考えるものでもないのです．さらに第3に，「人びとの行為をすべて観察できるものから説明できる」と考えるものでもないということを，最後に強調しておきたいと思います．

　ゴフマンもエスノメソドロジーも，ふるまいや相互行為から人びとのカテゴリーが把握されたり，意図が現れたりするのだと捉えています．しかし，人びとの心や意図の存在を否定しているのではありません．また，観察できるものに，心や意図を還元しようとしているのでもありません．心や意図をいかに捉え直せるのかということが，心や意図を相互行為における現れや効果だと見ることによって，試みられていることです．つまり心や意図は，相互行為における資源であり，相互行為をすることによって，私たちは心や意図のある存在として現れ，扱われることができていることになります．

　さらに，その現れや効果が，ある状況や文脈におけるものだというのが重要です．同じふるまいやことばの意味は，状況や文脈に依存しているために異なることがあるということが，ゴフマンとエスノメソドロジーの強調点だからです．よって，観察できるものをすべてだと見なしているということにはならないのです．

　ゴフマンの後継者とエスノメソドロジーという方法にのっとって研究をしている人びとは，相互行為の探究の仕方とは以上の3つのものではないという方針のもと，相互行為を，つまりコミュニケーションを探求し続けています．

【注】
1）原岡一馬編『人間とコミュニケーション』（ナカニシヤ出版，1990）pp. 11-2.

2）もちろん，さらにその両者の中にも，さまざまな考え方をしている人びとがいます．ですから，この章は私なりのまとめ方であるといことに，留意してください．

3）たとえば先に挙げたものの他に，林進編『コミュニケーション論』（有斐閣，1988）や，大田信男他『コミュニケーション学入門』（大修館書店，1994）などを，主に参考にしています．

4）これと似たような試みは，阿部潔『日常生活のなかのコミュニケーション——現代を生きる「わたし」のゆくえ』（北樹出版，2000）の第1章「プロローグ　コミュニケーションとは何か？　実践の『日常』と理論の『過剰』」においてなされています．しかし，その後のいき方は，ゴフマンやエスノメソドロジーとは異なるものです．

5）林進編，前掲書　pp. 232-3.

6）末田清子他『コミュニケーション学——その展望と視点』（松柏社，2003）の第9章では，コンテクスト（状況，文脈）という概念について説明がされています．

7）大田信男他，前掲書　p. 4.

8）先に挙げた清田末子他（2003）p. 94. では，このような送り手の意図がコード化され，それが受け手によって解釈（読解）されるという「コード・モデル」を採用しない，スペルベルとウィルソンによる「関連性理論」が紹介されています．しかし，本章では，「コード・モデル」と「関連性理論」において，送り手の意図と受け手によるその解釈という考え方が共有されていることから，「関連性理論」は取り扱いませんでした．なお「関連性理論」に対するエスノメソドロジーからの批判には，西阪仰「関連性理論の限界」『言語』24(4)(1995) pp. 64-71. があります．

9）

> マクウェールによるコミュニケーションの分類
> 　　　　　　　　（林進編，前掲書 pp. 2-3. より抜粋して作成）
> 1．シンボル，会話，言語
> 2．理解——メッセージの送出よりも受容
> 3．相互行為，関係——能動的な交換と共同志向
> 4．不確実性の減少——適応のための情報の探索へと導く，仮説的な基礎的欲求
> 5．プロセス——伝達の順序の全体

> 6. 移送，伝達——空間と時間における意味の移動
> 7. 連結，結合——接続するもの，結合するものとしてのコミュニケーション
> 8. 共同性——共通に分けあい，保有するものの増加
> 9. チャンネル，伝送体，回路——通路や「乗り物」(記号体系や技術) にとくにかかわりのある「伝送」の拡張
> 10. 記憶，貯蔵——コミュニケーションは情報の蓄積をもたらし，われわれはその情報の貯え「によってコミュニケート」できること
> 11. 識別反応——選択的な注意や解釈のプロセスの重視
> 12. 刺激——反応もしくは反作用の原因としてのメッセージの重視
> 13. 意図——コミュニケーション行為の目的的性質の強調
> 14. 時間，状況——コミュニケーション行為の文脈への注意
> 15. パワー——影響の手段として見られたコミュニケーション

図2 マクウェールによるコミュニケーションの分類

ここでは，わかりやすいようにコミュニケーション論／学によるタイプ分けの例を挙げましたが，そのタイプ分けの仕方自体もまた，ゴフマンの考え方やことばの使い方とは異なるものであることに，留意してください．

10) 人と人との相互行為に加えて，テレビ番組や雑誌を見る／読むという実践も，その見る／読むというまさにその時の相互行為の問題として取り扱われ，ゴフマンやエスノメソドロジーの方法を用いて研究がなされています．

11) このような見方による，異文化を前提としない異文化間コミュニケーションに関する詳細な分析が，西阪仰『相互行為分析という視点——文化と心の社会学的記述』(金子書房，1997) の第2章と第5章にあります．

12) そもそも日本語は曖昧なのか？ ということについては，橋元良明編『コミュニケーション学への招待』(大修館書店，1997) の第2章で論じられています．本章で扱うのは，曖昧さが言語構造に起因するかしないかではありません．

【参考文献】

[1] 上野直樹他, 『インタラクション——人工知能と心』大修館書店, 2000.
[2] ゴフマン, 石黒毅訳『スティグマの社会学——烙印を押されたアイデンティティ』せりか書房, 1970.
[3] ゴフマン, 石黒毅訳『行為と演技——日常生活における自己呈示』誠信書房, 1974.
[4] ゴフマン, 丸木恵祐他訳『集まりの構造——新しい日常行動論を求めて』誠信書房, 1980.
[5] ゴフマン, 佐藤毅他訳『出会い——相互行為の社会学』誠信書房, 1985.
[6] ゴフマン, 広瀬秀夫他訳『儀礼としての相互行為』法政大学出版局, 1986.
[7] Goffman, E. *Frame Analysis: An Essay on the Organization of Experience*, Northern University Press, 1974.
[8] Goffman, E. *Forms of Talk*, University of Pennsylvania Press, 1981.
[9] Goffman, E. "The Interaction Order; American Sociological Association 1982 Presidential Address." *American Sociological Review*, 48 (1), 1983, pp.1-17.
[10] 西阪仰「相互行為（やりとり）のなかの曖昧さ」『言語』22 (3), 1993, pp. 54-61.
[11] 西阪仰, 『相互行為分析という視点——文化と心の社会学的記述』金子書房, 1997.
[12] 西阪仰『心と行為——エスノメソドロジーの視点』岩波書店, 2001.
[13] Sacks, H. "On the Analyzability of Stories by Children." Gumper, J. G. & Hymes, D.(ed,)*w*, London: Basil Blackwell: 1972, pp.325-45.
[14] Sacks, H. *Lectures on Conversation*, Basil Blackwell, 1992.
[15] サーサス他, 『日常性の解剖学——知と会話』マルジュ社, 1989.
[16] 安川一編, 『ゴフマン世界の再構成——共存の技法と秩序』世界思想社, 1991.

第5章
マス・コミュニケーション
——過去・現在・未来

諸橋泰樹

1. マス・コミュニケーションの成立と機能

(1) 印刷機がマス・コミュニケーションのオリジン

　人類は長い間，絵画や記号，狼煙や太鼓の音，そしてしゃべりことばや書きことばなどを使って自己表現をし，記録をし，人同士のコミュニケーション，すなわち他者との意思の疎通や情報のやりとりを行い，集団の意思をまとめ，社会活動を円滑に運営してきました．しかし，その表現や意思疎通の到達範囲は，声の届く距離，煙の見える距離，また人が移動できる距離に限られ，しかも1回性のもの，つまりしゃべりことばなどは瞬時に消えてしまうものであり，書かれ・描かれたものはこの世に1つしかないものでした．

　書きことばを中心に，「同じもの」が本格的に複数作られるようになるのは，1450年にグーテンベルクが印刷機を発明してからです．それまで，木版のようなものである程度の量の印刷物を作ることはできましたが，可動性の金属活字を使ったグーテンベルクの印刷機は，その合理性においても生産力においてもやはり画期的なものでした．そして，それはメディア革命のみにとどまりませんでした[1]．

　同じものがいくつもある現象は，大量生産と同義ですが，それまでレアものだった本などが大量に作られることによって廉価になり，安くなったことで人びとが購入しやすくなり，それがまた普及を招き，そのことによって個人による本＝情報の所有が可能となりました．それは同時に，これまで一部のインテリやお金持ちの独占物だった知識が，広く人びとにゆきわたることをも意味します．

　このようにして，「複製品（copy）」である印刷メディアは，人

の個人（atom）化や近代的自我を発生させ，知性の解放をもたらし，それにともなう旧秩序に対する批判力を生み，ヨーロッパでは宗教改革やルネサンス，やがてはプロテスタンティズムに根ざした資本主義，合理主義，さらには人びとのマス（mass）化や都市化，人権思想，民主主義といった「近代」，つまり現在の私たちのエートスをもたらしたのです．ちなみにメディア（media）は，媒体とも訳され，英語圏では単数形のmediumが用いられることが一般的なようですが，ミディアム＝「中間」「中間の」を意味し，人と人とを媒介するコミュニケーションの道具のことです．

　マス・コミュニケーション（mass communication）を，定義的に，大量の情報によるコミュニケーション，または大量の人びとへのコミュニケーションととらえるならば，マス・コミュニケーションの成立はこのグーテンベルクの印刷機にさかのぼることができるかと思います．そして，このマスによるコミュニケーションを支えたのは，コミュニケートするための情報の乗り物，すなわちテクノロジー（科学技術）に裏打ちされたメディアのマス化（大量化・大衆化）でした．

(2) 産業革命とメディアの飛躍的発展

　グーテンベルクの印刷機を嚆矢として，その後400年間で複製技術が本格化していきます．まず，航海術の進歩と近代的な科学観の登場によって，地球は丸いということを証明したり「新大陸」を見つけるためヨーロッパ各国は次つぎと大航海へ繰り出し，アジアやアフリカやインド，北米，南米などを「発見」しました．これらの見聞録や冒険譚が本に著されて，ヨーロッパ人は「世界」を知るところとなります．

　アジア・アフリカ・米大陸をはじめとするこれらの地域は，16世紀ともなると領土や資源，香辛料や財宝，そして労働力などヨーロッパ各国の帝国主義の新たな"草刈り場"つまり植民地として位置づけられていきます．一方で，海運（交通）や貿易（物流），人

と人との交流，異文化との出会いなど，コミュニケーションが進展しました．

　高速で印刷する技術は，印刷時間の短縮をもたらし，その分発行回数や発行部数の増加をもたらし，海運により賑わいをみせている港町などでは新聞発行がさかんになります．新聞は，輸入情報や船員募集情報，船会社の保険情報，商社や倉庫会社の株情報などを載せました．18 世紀になるとそれらの新聞は，発達した交通手段によって，遠くへ，速く，また多くの人の手に渡るようになっていきます．

　19 世紀に入って産業革命が始まり，内燃機関（蒸気機関やガソリンエンジン）という人類の長年の夢である永久機関が発明され，また電気や電磁波が発見されて電灯や電気信号などへの応用が進みます．製造や流通は，これによって飛躍的に効率が向上してゆくことになります．

　1837 年には写真の元祖となるダゲレオタイプが発明され，リアルな人物・風景像を大量に複製することができるようになりました．

　1877 年にはフォノグラフと称する蓄音機が発明されて，1 回こっきりのものである音を，貯め，複製し，再生することができるようになりました．

　1891 年には，映画の元祖となるキネトスコープが発明されて人物や機関車の動く映像が登場，人びとのリアリティ感覚をさらに変え，来たるべきビジュアルコミュニケーションの時代を用意します．

　さかのぼること 1837 年には，既に電信の実験が行われており，やがては有線の電話，さらには無線のラジオにまで応用されてゆきます．新聞や本，雑誌などの印刷物は，それを運搬する乗り物以上の速さで先方に到達することができませんが，電気や電波で送られる信号は，超高速で，抵抗（ノイズ）も少なく，しかも遠くまで伝わります．有線および無線電信は「時間」の概念をなくし，また「空間」の概念をなくしたメディアとして，やがて到来する高速コミュニケーション，ネットワークコミュニケーションの世紀を準備しました[2]．

第 5 章　マス・コミュニケーション　119

(3) マス・コミュニケーションによる大衆社会の成立

　同じ情報やモノが，速く，多くの人に手に入る社会は，人びとの意識，知識や考え方，また持ち物などの均質化をもたらします．そういった社会を「大衆社会」といいます．特に，地方からさまざまな人たちが匿名性の強い都市に集まってきた結果，それまではあり得なかった，みんなが同じモノを持つ「流行」現象が起き，みんなが同じような考えを持つ「世論」が成立し，集合意識である「社会意識」や「社会心理」が生じ，想像の共同体としての「国家」意識が醸成されました．

　もちろん，その背景には，公教育＝大衆向け教育の整備による人びとのリテラシー（読み書き能力）の向上や，人びとのある程度の所得の平準化，つまり「近代化」がなされていることが前提となります．しかし，両輪の片方としてマス・コミュニケーションの発展が寄与したことは間違いありません．

　それにしても，「読む」メディアは，やはり知的な訓練を必要とします．それに，本や新聞は，黙読の習慣の始まりによって1人で読むものとなり，いわばプライベートで孤独なメディアと言えます．ところが，19世紀のテクノロジーは，「声」のメディアを復権させました．先の電信や蓄音機の発明に前後して，1861年に発明された電話，さらに1895年に初送信された無線を経て，1906年から始まったラジオ放送に至って，リテラシー不要のメディアの時代が始まったからです．

　20世紀前半に各戸に普及するラジオこそは，スイッチ1つでいつでもどこでも受信でき，「聞く」だけで理解でき，リアリティあふれるメディアとして，子どもから老人まで，また学校教育と縁を持たない人びとまで惹きつけた，大衆メディアそのものでした．

　人びとは，ラジオのニュースに，音楽に，ドラマに，また娯楽作品（たとえば日本では講談）に，家族そろって耳をすませながら，同時に「国民」という人びとのアイデンティティを統合するフィク

ショナルなイデオロギーと，「国語」という名の言語＝思考の統制を受け入れて行きます．第1次世界大戦前後のドイツで，イギリスで，アメリカで，そして日本で．

やがて，1936年にベルリンオリンピックで公開実験されていたテレビが，1945年の第2次世界大戦終了後，「聞く」と同時に「見る」メディアとして，ラジオに代わって大衆メディアの王座に着きました．1950年代は国内ネットワーク，60年代には世界が衛星ネットワークで結ばれ，1970年の米・アポロの月着陸をはじめとして，同じ映像をリアルタイムで体験できる社会が現出しています．それに伴い，メディアが構成した同一の「現実」を擬似体験することによる現実（リアリティ）の構成が，全世界レベルで進んでいます．2001年9月11日の「米・同時多発テロ」で，ニューヨークのツインタワー・ビルに2機のハイジャック機が突っ込みビルが崩壊する瞬間を映像的に共有した世界中の人びとは，ある種のトラウマにとらわれることとなりました．

(4) マス・コミュニケーションの順・逆機能

このように，マス・コミュニケーションは，近代になって成立したテクノロジーによる再生装置（メディア）を媒介にした，大手資本である「送り手」から，多数かつ匿名の「受け手」に対する情報提供コミュニケーションの一形態ということができます．そのため，1対1関係や小集団関係におけるパーソナル・コミュニケーションとはまた異なる性質が生じることとなりました．その性質をひとことで言えば，マス・コミュニケーションのジャーナリズム機能，ということになるのではないでしょうか．

たとえば，マス・コミュニケーションには，1つには政治や社会を見張る，環境監視機能があります．ペンとカメラという「力」を持ったメディアが，政治権力や社会環境の動きを見張り，自らのオピニオン（意見）を述べて正義を主張することで，政治や社会が悪い方へ流れることを阻止する"番犬"（ウォッチドッグ）の役割です．また2番目に，マス・

コミュニケーションを介して人びとが意見を出し合ったり，討論したりなど，社会の構成員が相互作用的にコミュニケーションする，フォーラム的・民主主義的な機能があります．3番目には，日々のできごと，知識，情報などを人びとに知らせたり教えたりし，社会的・文化的な情報を遺産として次世代に伝達する教育的機能があるでしょう．さらには，見て・読んで・聞いて楽しみ，癒される娯楽的機能，また特定商品やサービスなどの情報を告知する広告機能なども考えられます[3]．

　こういったマス・コミュニケーションの，場合によっては時の権力とも対峙するスタンス，権力との一定の距離，人びとの議論をうながす民主主義的役割，人びとへの啓発や知的成長の手伝いをする道具性は，権力を思うようにあやつってあわよくば人びとを支配し私腹をこやそうと考える為政者や王権にとっては面白くありません．いきおい，報道内容の検閲，重い課税，用紙の統制，電波の管理，ジャーナリストの弾圧をしたりしてきました．マス・コミュニケーションは，その当初から，人びとの基本的人権である「自由な言論」を快く思わない権力によって，さまざまな規制をこうむる歴史を負ってきたのです．既に1644年には，ジョン・ミルトンによって，『アレオパヂティカ（言論の自由）』という本が出版されたくらいですから[4]．

　一方，マス・コミュニケーションには別の機能もあります．たとえば，マス・メディアに取り上げられただけでその題材が特別の社会的地位が与えられてしまうといった，地位付与の機能．2つめには，社会で支配的とされる価値観を繰り返し報じることによって，人びとのものの見方や考え方・態度などに影響を与えたり同調させてしまう，社会的規範強制の機能．そして3つめとして，マス・メディアが擬似環境を構成することによるリアリティ喪失とでもいうべき麻酔的な機能．これらは，マス・メディアがもたらす思わぬ逆機能といえるでしょう．こういった機能への着目は，マス・コミュニケーション研究の大きな柱となっています．

2. 研究対象としてのマス・コミュニケーション

(1)「マス・メディアの効果は絶大」との研究が相次いだ時期

　19世紀後半からマス・コミュニケーションがその社会的機能を果たし出すと，やがて「マス・コミュニケーション研究」が始まります．前節で述べたように，第1次大戦前後からラジオや新聞は戦況報告や出征兵士の安否情報などで人びとのニーズをつかみ，大いに収益を上げました．また，そのことによって「愛国心」を植え付けるのにも成功しました．

　こういったマス・コミュニケーションに，政府の宣伝担当者，全体主義体制の支配者，また広告業者やメディア経営者らが着目，中でもその「効果」に関心を寄せるようになります．もともと，「相手を変える」＝「説得効果」へのコミットメントは，海外の植民地化を進め，また移民や奴隷などを受け入れて国内の異文化コミュニケーション問題に直面していた，特にアメリカにとっては，親和的な発想でした．

　第2次大戦前後には，大衆メディアであるラジオがもたらす社会現象が，いくつも生じます．

　1938年10月夜，アメリカCBSラジオは，オーソン・ウェルズ演出のラジオドラマ「マーキュリー劇場」において，H・Gウェルズ原作の『宇宙戦争』を臨時ニュース仕立てで放送しました．火星人がアメリカに侵入し毒ガスを使用，我が軍は防戦中，被害甚大，と実況中継形式で放送したため，本物だと思った聴取者たちが，叫び，祈り，泣き，電話で別れのことばを交わし，子どもを抱きしめ，車で避難し，地下室へ逃げ，100万人がパニックに陥ったとされます．

　背景に，ヨーロッパにおけるナチズムの台頭や空襲など，侵略者，空襲，戦争といった脅威に対する社会心理的土壌があったとはいえ，ラジオの効果をまざまざと見せつける現象に，直後から研究者は多

様な調査を行いました．

　1943年9月，アメリカCBSラジオは，18時間にわたって国民的な女性のタレントであるケイト・スミスによるマラソン放送（ラジソン）を行いました．テーマは「戦時国債購入キャンペーン」のチャリティで，スミスは，第2次大戦を勝利して終わらせ，戦場で犠牲的に献身している愛する夫，父，息子，兄，弟，恋人たちを帰還させよう，そのためにも武器，弾薬，薬，食料品を届けるため国民は戦時国債を購入して献身的な協力を，と呼びかけ，1日で3900万ドルも集めます．

　スミスの献身的なキャラクターに加えて，兵士たちの献身，聴取者たちの献身，といった「献身の3角形」の圧力が，このキャンペーンを大成功させた面はあるとはいえ，やはり大衆メディアの威力を示したこの現象も，研究者はさまざまな分析を加えました．

　このように，マス・コミュニケーションには，大変な「説得効果」があり，それは「原子爆弾」にも匹敵する，というのが定説になってゆきます．後にもふれますが，"兵器"――しかも人類史にかかわる――にたとえるあたりが，いかにも「アメリカらしい」と言えなくもありません．

(2)「マス・メディアの効果は限定的」との研究が相次いだ時期

　マス・メディアによるキャンペーン効果は絶大との前提のもと，1940年，アメリカのオハイオ州エリー群で，大統領選挙における住民の投票行動の調査が行われました．民主党支持，共和党支持を旗幟鮮明にするのが特徴のマス・メディアの選挙キャンペーンが，人びとの投票行動に影響を与えることを明らかにするためです．ところが，調査結果は意外なものでした．実証したかった予想とは異なり，メディアのキャンペーンによって投票行動を変えた人がなんと1割弱と少なかったのです．

　詳細に結果を分析してみると，むしろこんなことがわかりました．第1に，人びとには既に「民主党支持」なり「共和党支持」なり，

既存の関心や知識などの「先有傾向」をもっており，その先有傾向にそって支持政党のキャンペーンに選択的に接触しているのであって，非支持政党のキャンペーンには接していないこと．第2に，その選択的接触の結果，自分の意見を補強していたこと．さらに第3に，影響の流れは，メディアと人びとの間にいるオピニオンリーダーのいわば口コミを介した2段階の流れを経ており，間接的な影響であるということ．

　こういった結果を受けて戦後，マス・メディアの効果は限定的で，むしろパーソナルな影響力の方が強いのではないかとの研究が，1960年代後半頃まで支配的になります．

　たとえばこの間に，尊敬される人や信頼される人の見解の方が説得力が大きいといった「威光効果」，時間が経つと信頼される人の説得効果は薄れて，そうでない人の説得性が増す「仮眠効果」，論理的訴求よりも感情に訴える説得の方が効果的との「恐怖アピール」，説得内容にあらかじめ近い立場の人には一方的な見解を提示する方が説得効果があり，反対意見の相手には対立する見解も紹介しながら説得する方が効果があるという「一面提示対両面提示」，自分の準拠集団などへの自我関与が高い人に反対の説得をしようとすると説得意図とは逆方向の態度変化がみられるという「ブーメラン効果」，自分の認知と不協和をもたらす情報は回避され自分の認知と協和的な情報は求められるという「認知的不協和の理論」など，さまざまな研究結果が発表されました．

　しかし，これらの研究は，あまりにマス・コミュニケーションの「説得」とか「影響」，「効果」に重きを置きすぎてはいなかったでしょうか．洗脳，反共プロパガンダ，ベトナム戦争への動員といった課題，各国の反米運動や植民地独立の事態への対応といった，60年代「冷戦期」のアメリカにおける国家的政策研究ということも反映して，どうも「相手を変える＝コミュニケーション＝善きこと」と思っていた節があります．実際，今でもアメリカは自分たちを「正義」「文明」と考え，それ以外の存在は「悪」で「野蛮」と単純化して

とらえ，相手に英語をしゃべらせ，キリスト教を信仰させて，民主主義やマクドナルドやディズニーランドを根づかせることがあたかも「コミュニケーション」であるかのようです．ですがコミュニケーションは，決して「説得」や「影響」を与えたから「効果」があった，というような直線的・一面的なものではないはずです．

(3)「マス・コミュニケーションは強力」という研究の台頭

　1960年代後半に袋小路に入ってしまった感のあるマス・コミュニケーション研究は，現在新しい段階に入っていると言えます．

　たとえば，今何が社会の争点や話題か，私たちはたちどころに答えることができます．税制のこと，子どもたちの変化，教育問題，総選挙，タレントの結婚，ブーム，＊＊事件，＊＊疑獄……，さまざまな争点や話題が挙がることと思いますが，それらはどれもマス・メディアが取り上げて，来る日も来る日も報道したり，大きく扱ったりしたものではないでしょうか．

　実際に，1968年の米・大統領選挙に際しノースカロライナ州のチャペルヒルで，人びとに，選挙の主要な争点としてどのような問題を考えているかを訊ね，同時にこの住民たちが接触可能なテレビ，新聞，雑誌の政治ニュースの内容分析を行った結果，両者の間には0.97もの高い順位相関係数が得られたのです．この，コロンブスの卵的な驚くべき事実，つまり私たちが社会の争点や話題と認知していることは，みなメディアが設定した争点や話題にほかならないという仮説・主張が，マス・メディアの議題設定機能と呼ばれる研究です．

　図1は，これをモデル的に示したものです．星の数ほどある世の中のできごと（X_1……X_7）を，マス・メディアがどの程度のウェイト（日数や扱いの大きさや時間量など）で報道したかが，人びとの認知（重要と思っている度合いなどX_nの大きさ）に比例する，というものです．この図の含意は，事実が起こっていても（X_6），それをメディアが報じなければ人びとには認知されない，という点

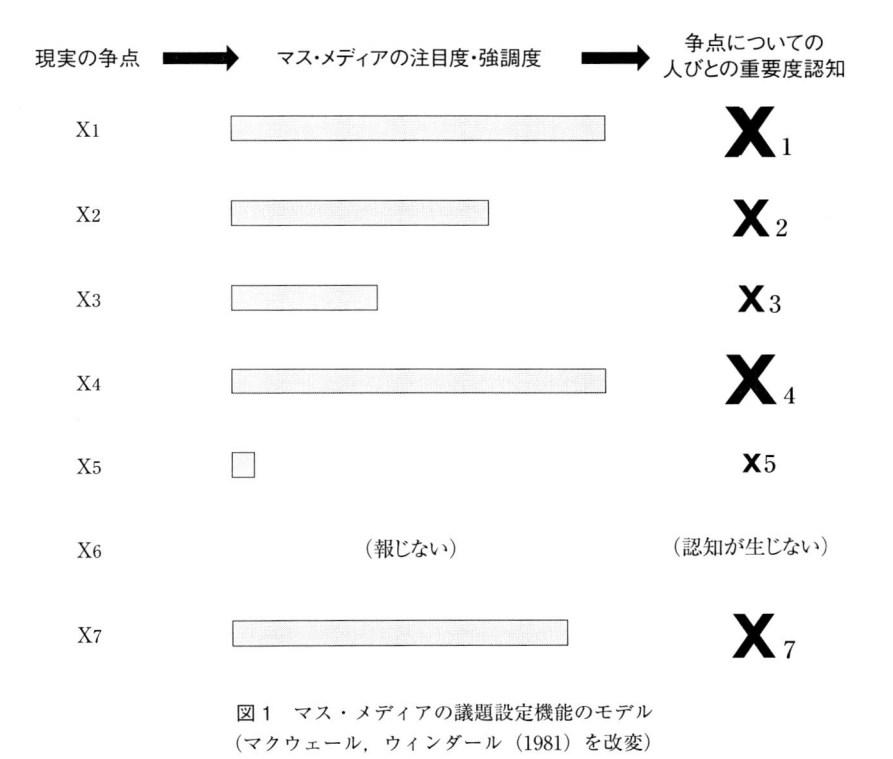

現実の争点 →	マス・メディアの注目度・強調度 →	争点についての人びとの重要度認知
X1	▭▭▭▭▭▭▭▭	**X**$_1$
X2	▭▭▭▭▭	**X**$_2$
X3	▭▭▭	**X**$_3$
X4	▭▭▭▭▭▭	**X**$_4$
X5	▭	**x**$_5$
X6	（報じない）	（認知が生じない）
X7	▭▭▭▭▭▭	**X**$_7$

図1　マス・メディアの議題設定機能のモデル
（マクウェール，ウィンダール（1981）を改変）

にもあります．そもそも，メディアがそのできごとや争点を取り上げなければ，それは「無いこと」になってしまうわけです．また逆に，たとえ現実がなくてもメディアが取り上げればそれは「あること」になります．

こうなると，マス・コミュニケーションの力はあなどれません．

そのようにしてひとたびメディアによって設定された争点や話題は，「世の中」の意見となり，それは大多数の人が支持しているように思えてくるから不思議です．そうすると，人はその争点や話題に否定的な評価をもっていても，それを公然と表明することをせず沈黙してしまいます．一方，メディアが設定した多数意見とみなされる争点や話題の方は，勢いを得て声高に話されます．かくして，

多数が支持しているとみなされる意見は社会の中でますます大きく目立つようになり，逆に少数派とみなされている意見はますます表に出ず，弱く見積もられるようになります．

　ドイツの研究者によって提唱され始めたこのようなコミュニケーション・プロセスは，沈黙のらせん過程研究と呼ばれています．これまでことばによる自己主張こそコミュニケーションだとされてきたコミュニケーション観と異なり，沈黙も意思表示のコミュニケーションという視点を提供したこともユニークですが，やはりメディアの争点や話題が多数派ととらえられるところから始まるこの仮説・主張も，マス・コミュニケーションの力を再評価するものでした．

　これまでのマス・コミュニケーション研究は，現在の視座からみて命名すれば，各項の見出しに立ててきたように，第1期を「弾丸理論」の時代，第2期を「限定効果論」の時代，第3期を「強力効果論」の時代，とあとづけることができます[5]．

(4) ポスト・マス・コミュニケーション時代の社会へ

　マス・コミュニケーション研究が成立しはじめて100年近く，21世紀を迎えて，マス・コミュニケーションは今，大きな変容を遂げています．それは，テレビという大衆メディアの絶大な影響力が増し，またテレビをはじめとする多メディア・多チャンネル化の進行が，これまでとは違う情報環境を用意したせいもありますが，テレビを包含するかたちで次世代のメディア・テクノロジーによるコミュニケーション状況が始まっていることが大きな要因です．

　次節でも指摘することになりますが，パーソナル・コンピューター（パソコン）や携帯電話などの新しいデジタル・メディアの爆発的な普及やインターネット・コミュニケーションによって，テレビも含む新聞，雑誌，書籍，映画，CD，DVD・ビデオなどの既存マス・メディアの存在は，人びとの情報行動の面でも，また産業面でも，揺らぎ，守勢に立たされるようになってきています．デジタル・テクノロジーという新たな産業革命を取り込んだメディアは，今まで

のような，画一的な情報を，多くの人に，一方通行的に届けるという，マス・コミュニケーションの定義から外れようとしています．そして，よりパーソナルで，双方向的で，寸分違わぬコピーが容易な，これまでにないコミュニケーション様式が可能になっています．

　マス・コミュニケーション研究は，それに伴って新たな課題に直面しており，新たな射程が求められているのです．

　人びとが，マス・コミュニケーションによって自由に情報を得，誰もが知的になり，それによって豊かな世界が現出するとの牧歌的なとらえ方は影をひそめ，多メディア・多チャンネル化やデジタル・メディアの発展の中で，たとえば，それらのメディアを購入でき，扱える国や人びとと，扱えない国や人びととが出てき，さらに同じ国であってもジェンダーやエスニシティ，所得差などによる格差が，知識や情報のギャップ，デジタル・ディバイドを生んでいるとの懸念が表明されています．図2で，そのような状況をモデル化して示しました．

　片や「グローバリゼーション」や「グローバル・スタンダード」のかけ声のもとに，世界がインターネットやウィンドウズ OS，コカコーラに代表されるアメリカ資本，ハリウッド映画に代表される

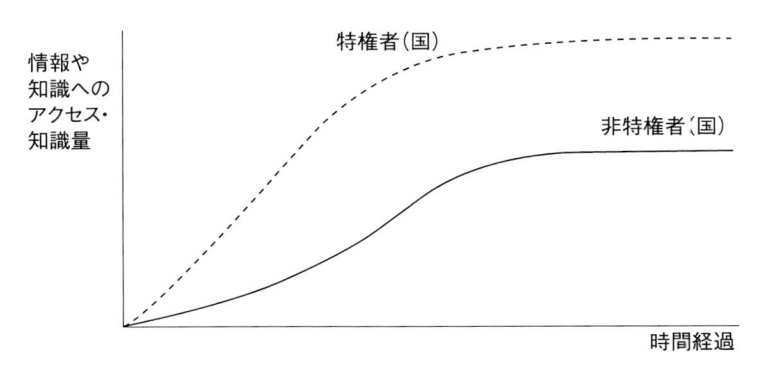

図2　情報ギャップ・知識ギャップのモデル
（トゥーンベリ他 (1979) を改変）

アメリカ文化などによって均質化されつつありますが，これは「アメリカの」考える民主主義，価値観，モノ，文化などを拡めている新たな帝国主義ではないかとの批判も出ています．

　ジェンダーやエスニシティの視点から，マイノリティに関する表現内容をめぐる批判的研究も多くなされるようになってきています．マス・メディアのステレオタイプな語りが，人びとの偏見を助長し，マイノリティの人権を侵害しかねません．多文化化する社会にあって，全ての人が公平に表現されるためのガイドラインなども作られ始めました．

　また，多メディア・多チャンネル化の進行やデジタル・メディアの普及は，これまでの放送・通信制度や人びとの情報行動などのコミュニケーション秩序を変容させつつあります．たとえば一般の地上波テレビは電波ですが，CATVは有線，CS（通信放送）は通信，ブロードバンドは電話線や通信回線（有線・無線）と，おのおの所管する行政が違い，制度や規格も違います．また，これらのインフラをなすデジタル情報は，複製・加工がたやすくまた劣化しにくいために，これまでのような著作者の権利や作品の同一性保持の権利などが，通用しなくなってきています．音楽や映画，また文書などは，インターネットを通じてデジタル情報として携帯電話やパソコンを使いどこでもいつでもダウンロードできる時代が来ていますので，CDやDVDのようなパッケージ，本や新聞のようなパッケージが不必要になるかもしれません．商品や情報の提供のしかたや売買のあり方が変わり，それを簡単に加工し直したり複製したりできる一種の双方向性が生まれると，「オリジナル」ということが無意味化するでしょう．「データベース消費」の時代と言われるゆえんです．

　私たちは，こういった事態を，適正に管理できるでしょうか．また，道具に振り回されず，依存しないで生きられるでしょうか．

　ポスト・マス・コミュニケーション時代のデジタル・メディアとコミュニケーション・ネットワークが，人間の意識や存在様式，また情報行動，情報秩序，そして人間関係，社会関係，国際関係をど

のように変えてゆくか，人びとのメディアとの関係の取り方，情報の送り手たちのあり方が，さらに問われているように思われるのです[6]．

3. 日本のマス・コミュニケーション産業

(1)「産業」としてとらえることの重要性

　マス・コミュニケーション研究には，これまでみてきたような「効果論」のほかにも，メディアのメッセージ内容を量的・質的に分析する「内容分析」，メディアの利用のしかたや利用による心理的・実用的な充足について扱う「利用と満足」などの，オーソドックスとされる研究があります．

　またアプローチ法にも，行動科学的な心理学的研究，社会学的な研究のほか，政治学的研究，法律学的研究，経営学的研究，歴史学的研究，言語学や記号論的研究，あるいはマルクス主義的な視座によるものやカルチュラルスタディーズのような文化論的な見方など多様なパラダイムによる研究方法があります．

　ところで，マス・メディアによるコミュニケーションの根幹をなす「メディア情報（社会情報）」は，多くの人手をわずらわせてできあがり，最新テクノロジーを駆使して送出された，組織的な商品であることが，何よりも前提となります．

　たとえばニュース報道でいえば，報道すべき対象に対して，メディア企業に勤める人間が，ある視座をもって取材し，文章や写真や映像に収めて表現し，それに見出しをつけたりカットしたりして編集し，ページ内や時間内にパッケージングし，それを科学技術の力で電波や紙に乗せて届ける，きわめて多様な流れや分業システムからなり立っています．ドラマも，誰かがある意図をもって原作や脚本を書き，キャスティングを決め，制作費や俳優のギャラに回るCMスポンサーを付け，一人ひとりの俳優がわざわざ演じ，それを映像に収録し，さまざまに編集して，電波に乗せて届けているわけで，実に組織的に作られた商品です．

「商品」ということばを繰り返し用いたのは，マス・メディアの活動は決して無償のボランティアで行われているのではなく，番組や新聞，雑誌，本，CD，DVD やビデオ，映画など，いずれも賃金をもらって働いている従業員たちが製造し，「売り物」としてスポンサーや消費者に売買され，「儲け」を出さなければならないからです．「メディア情報」という文化商品の下部構造を支えているのは，こういった各マス・メディア企業の経済活動にほかならないのです．

　日本は，全国民的な経済的豊かさ，発達した公教育がもたらした高いリテラシー，高度な技術力などを背景に，世界の中でも上位の部類に属する「マスコミ大国」であり，当然のことながら産業としてのマス・コミュニケーション企業（マス・メディア企業）の活動も盛んです．しかし長引く経済不況の影響をこうむっていることはマス・コミュニケーション産業も同じで，倒産や身売り，合併，提携，異業種との提携，異業種資本・外国資本の参入などが相次いでいます．そのためにジャーナリズム機能が衰えてしまうのでは困ります．ここでは，マス・コミュニケーションが，社会的・文化的な文脈の中で，何よりも経済活動を営む「産業」であるという点から，日本の現状をあらまし押さえておきましょう[7]．このような「仕組み」を知っておくことは，のちに述べるメディア・リテラシーの第 1 歩につながります．

(2) マルチメディア化の中で岐路に立つ放送産業

　日本の放送は，総務省が所管し，放送法と電波法の適用を受ける免許事業です．1953 年から本格放送が始まり，公共放送であり全国あまねく放送することが放送法で義務づけられている特殊法人 NHK（日本放送協会）と，地域をカバーする一般放送事業者と規定される民間放送（商業放送）の 2 本立て制度を取っており，NHK は視聴者の受信料収入を，民間放送局は広告（CM）放送の収入を財源としています．年間の総売上は 2 兆 5000 億円くらいです．

放送局には，テレビ局，ラジオ局，テレビ・ラジオ兼営局とがあり，業界団体である日本民間放送連盟加盟社は 200 社ほどになります．通常のテレビは VHF 局と UHF 局による地上波放送ですが，ほかに衛星放送（BS），通信放送（CS），ケーブルテレビ（CATV）など，ラジオは中波放送，FM 波放送，短波放送など，放送形態がさまざまあります．民放テレビ局には，いわゆるキー局と呼ばれる放送局と，キー局からのネットワーク放送を行うとともに地域の独自放送を行ういわゆる地方局とがあることはよく知られています．

　日本の放送の特徴を何点か挙げると，1 つは冒頭に述べたように，制度上，放送は，電波の周波数帯域を割り振らねばならず，電波が稀少なものであり，しかもいったん受信すれば何万人もが簡単に視聴できてしまうなど影響力が大きいという理由から，法律に規定され，総務省という中央官庁が免許を与えている点に大きな特徴があります．「免許」ですから，半ば有名無実に近いものの，5 年に 1 回各局は再審査され免許が更新されています．

　2 つめに，激しい視聴率競争が挙げられます．放送局は「商品」としての番組を CM スポンサー相手に売買して収入を得ているわけですが，スポンサーがつくか，ついたとしてどれくらいの提供料を払ってくれるかによって，儲けは大きく変わってきます．どんな短い番組でも制作にあたっては莫大な経費がかかりますので，とにかくスポンサーに「高く」買ってもらわなければなりません．番組提供スポンサーに向けて，自局の製品（番組）はこんなに観られている，という営業用資料が，ビデオリサーチなど第 3 者機関が実施している視聴率調査データです．

　CM も含め番組を視聴している人たちがどれくらいいるかの指標となる視聴率をめぐって，各局はしのぎをけずるわけですが，高い視聴率を獲得するために，「やらせ」を行ったり，安易な企画で「受け」をねらったり，さらには秘密になっている視聴率調査世帯を買収したりなどの不祥事があとを絶たないという問題があります．

　3 つめは，そういった放送の不祥事にともなって，1 点めにふれ

たような所轄官庁や政府が，放送に介入しようとするケースがしばしばある，ということです．放送も日本国憲法に保障された言論・表現の自由を有していますが，それが免許事業であるということから，社会的な問題が生じるとしばしば許認可権をふりかざして，法律を厳しくしようとしたり，行政指導をしようとしたり，政治家が有形無形の圧力をかけたりします．あまりに無法的な放送の姿勢が，いらぬ権力介入を招きかねないという実状があるのです．

　4つめは，他の情報メディアの隆盛，特にマルチメディア化の進行による放送の相対的な地盤沈下です．インターネットや携帯電話などが，人びとの放送視聴時間を侵蝕しています．また同じテレビ放送でも，BS，CSやケーブルテレビなどさまざまな放送形態が登場し，これらは多チャンネルが売りで，画質や音質もよいため，一般的に視聴されている地上波の放送局にとっては「敵」です．またインターネットのブロードバンドも脅威になってきています．

　それに対する起死回生策とも言えるのが，2011年までに全面的に移行すると言われている「地上波放送のデジタル化」ですが，これまでのアナログ方式のテレビ電波を変えてしまい，そのために膨大な国費を使い，しかも国民がテレビ受像器買い換えのコストを負担しなければならないこの政策は，国民不在のそしりをまぬがれません．

　このようなさまざまな問題を抱えた放送産業は，制度的にも商業的にも岐路に立たされていると言っていいでしょう．

(3)「新聞離れ」によって地盤沈下する新聞産業

　日本の新聞は，発行や新聞社を所管する官庁が特になく，また戦前まであった新聞紙法のような法律もなく，全くの自由が保障されたメディアです．1871年創刊の横浜毎日新聞が日本で最初の近代新聞とされ，長らくマス・メディアの「王座」の地位についてきました．業界団体の日本新聞協会に加盟している一般日刊紙と専門紙は約100紙で，これらの年間売り上げは2兆5000億円ほどです．

収入源は，購読料収入と広告収入が約半々ずつを占めます．

　新聞の種類も多様で，一般日刊紙と専門紙・スポーツ紙のような種類別の分け方のほか，一般日刊紙の場合，配布エリアから全国紙（朝日，毎日，読売，日本経済，産経の5紙），ブロック紙（北海道，中日，西日本の3紙），地方紙（ほぼ県ごとに1〜2紙）というくくりもできますし，配布形態から朝刊・夕刊セット紙，朝刊紙，夕刊紙といったくくりをすることもあります．またそれ以外にも日本新聞協会に加盟していない業界紙，専門紙，地域紙，機関紙など日刊・週刊・月刊のさまざまな新聞が発行されています．

　一般日刊新聞の特徴としては，1点めに，その発行部数の多さと普及率の高さが挙げられるでしょう．新聞協会加盟の日刊紙は1日あたり7000万部以上発行されており世界第2位，普及率は世界1です．すぐれた取材網と洗練された編集技術によって毎日発行され，人びとは日常的に新聞を読む習慣を有し，それらが大量部数と高普及度を支えています．全国紙の中には1000万部を超えるものもあり，全部数に占める全国紙の寡占状態が続いている一方で，地方においてはその地域の地方紙が市場を独占する傾向が強く，二重の構造がみられます．

　2つめには，この普及度の高さは，世界的にも珍しい宅配制度によって支えられています．全新聞部数の9割以上が地域の販売店を通じて配達員によって家まで届けられており，欧米のようなスタンド即売はわずかです．しかしながら，配達員の確保難，経費の高騰などによって，これまでのような宅配制度を維持することが困難になってきています．

　3つめには，熾烈な販売競争が挙げられます．販売収入を上げるためもありますが，部数が増えれば広告効果も上がることから広告掲載料金も高く設定でき，広告収入が増えるという理由もあります．そのために，販売店レベルでは，強引な新聞購読の勧誘，過度に豪華な景品，公正取引上問題のある無料提供サービスなど，あれやこれやの「拡販」合戦が繰り広げられており，それがまた販売経費を

高騰させています．

4つめに，テレビ，雑誌，インターネット，携帯電話など他のメディアに押されての，販売部数の伸び悩み，すなわち「新聞離れ」が挙げられるでしょう．世帯での新聞購読率の低下，朝・夕刊セット契約をやめて朝刊のみを取る家の増加，広告が他メディアへシフトすることによる広告収入の減少，どれも新聞にとって明るい話題はありません．

新聞は，信頼性の高いメディアで，ジャーナリズムの中心的位置を占めていますが，産業としてはピークを過ぎ，今後の情報産業としての生き残り策が模索されています．

(4) 深刻な出版不況に悩む出版産業

出版は，新聞とならんでマス・メディアの最古参ですが，本や雑誌が小型で製本されたハンディなものであり，情報量が多いという点で，新聞とはやや異なるメディア特性を持っています．もちろん，所轄官庁や戦前の出版法のような法律はありません．

日本の出版社は約4300社あり，その大多数は従業員数人からなる中小企業です．業界団体として日本書籍出版協会と日本雑誌協会がありますが，加盟社は多くはありません．1年間で7億冊の書籍が発行され，さらに32億冊の週刊誌・月刊誌が発行されています．書籍と雑誌の売り上げは合計で2兆5000億円くらいになります．

不思議なことに，先の放送，新聞も大体同じような年間売り上げ額でしたから，3大メディア合わせて7兆5000億円の売り上げがあることになります．ですが，この金額は，トヨタ自動車1社の売り上げが年9兆円だった時もあることからすれば，3大マス・メディア全社が寄り集まっても及びません．意識産業としての社会的影響力や，華やかさの割に，マス・コミュニケーション産業はあまり儲からないのです．

日本の出版の特徴として第1に挙げられるのは，このところの発行部数や売り上げの伸び悩みでしょう．かなりの量の書籍や雑誌が

出ているにもかかわらず，往年の勢いはなく，マイナス成長が続いています．今や「構造不況業種」と言われる出版界は，深刻な出版不況に見舞われており，「景気のいい話」は聞きません．ベストセラーが出，文庫本が売れ，雑誌がよく読まれているにもかかわらず，です．

　2つめに，出版産業の売り上げを支えていたのはもっぱら書籍でしたが，1980年代から雑誌の売り上げが書籍のそれを上回りだし，出版界は雑誌依存の体質になっています．ただし定期刊行物である雑誌を出せるような会社は，大手であるごく一部に限られますから，出版業界は，大手出版社が出す雑誌に依存しながら，同時に大多数を占める中小出版社の出す書籍によっても支えられているという二重構造がみられます．また「雑誌ブーム」のほか，マンガが市場を支えています．

　3つめに，出版という営為は放送と同様，外部依存度の高いことが挙げられます．新聞は，取材，記事の執筆，編集，版下制作，印刷，発送，販売にいたるまで大抵が自社によってまかなわれているのに対して，放送は，制作をはじめ，アナウンサーやキャスター，俳優，また原作・脚本，美術やセットなど少なからぬ部分が外部の制作プロダクションや派遣社員によって作られています．

　出版は，企画と執筆依頼，編集，制作進行管理と販売元としての仕事さえ行えば，著者執筆，印刷，製本，流通，販売などは全て外部の別企業が行います．この頃は企画や編集まで外部プロダクションや契約，フリーの人が行うことも少なくありません．「机1つ，電話1つ」あれば足りる事業なのです．

　4つめの特徴として，再販売価格維持制度のことが挙げられます．法定再販と言われるこの仕組みは，要するに「定価販売（値引きをしない）」制度のことです．

　普通の商品は，商品がだぶついたり次の新製品が出れば安くして早く売ってしまうこともできますし，生鮮食料品などはその日のうちに売りきりたいために小売店サイドで値引き販売することもします．むしろ「定価」として商品価格を指定することは，原則として

独占禁止法の違反にあたります．色いろなメーカーや販売店が，競争することによって，よい商品ができまた価格が安くなって消費者の保護になるという理由からです．

ところが，出版物は文化商品であり，どのメーカーでもいいというわけにいかず（1商品1種類しかないのですから），内容は古くならないという理由と，地域や販売店や時期によって価格が違うことは消費者の有利不利が生じ，むしろ全国一律で価格が定められているからこそ消費者にとって平等であるという考え方から，独占禁止法の適用除外となっています．ですから，書店で売れ残っていようと，いったん返品されたのち再び販売されようと，「定価」で売られるのが出版物なのです．またそれが，中小出版社にとっての「原価割れ」防止という保護策にもなってきたのでした．

この再販制度については，本や雑誌の値引き販売があってもいいのではないかという声もあるため，これまで何度か見直しの議論がされてきましたが，出版界などの反対によって自由価格になってはいません．今後とも検討されてゆくと思われます．

経済的な不況のあおりを受け，さらに他のメディア利用に圧されるかたちでの本離れ・雑誌離れが，目下最大の課題となっており，出版産業も生き延び策を模索しているところです．

4．現代人に必要とされるメディア・リテラシー

(1) 長時間にわたるマス・メディア接触

現代のマス・コミュニケーション社会で，人びとはどのようなマス・メディア接触（情報行動）を行っているのでしょうか．表1は1日あたりの成人の情報行動時間量と情報行動率をみたものです．

マス・メディア全体の接触率をみると，平日・土曜・日曜などの曜日別，また性別に関係なく，ほとんどの人が何らかのマス・メディアに接触していることがわかります．接触時間は，平日の男性が外で仕事をしている層が多いことを反映して女性より短く4時間台，平日の女性は在宅の層がいることを反映して5時間，と違いがみら

れます．土曜日はどちらも同じ5時間近い接触時間で，日曜日になると男性が5時間39分，女性が5時間7分と，男性の方が増えます．情報行動は，ジェンダー差や，ここには示しませんでしたが年齢差，職業差，地域差，ライフスタイルなどによる違いがみられるのが特徴です．もちろん，ジェンダー差をはじめとしてこれらの属性による差異は，先天的なものとみるよりも，社会的な条件によるものと考えた方が合理的でしょう．

　メディア別の内訳をみると，テレビについては大多数の9割近い人びとがどの日も接しており，時間量は平日・土曜が3時間台，日曜は4時間台となっています．マス・メディア接触時間量の多くはテレビに費やされています．新聞については5～6割の人びとが曜日の別なく接しており，大体いつも30分というところです．興味深いのは，テレビは日曜日には接触時間も接触率も増えるのに対し，新聞は日曜日になると若干減っていることです．休日は娯楽的なテ

表1　成人の1日の情報行動時間量と情報行動率
（単位＝時間：分，（％））

	成人男性			成人女性		
	平　日	土　曜	日　曜	平　日	土　曜	日　曜
	行動時間（行動率）	行動時間（行動率）	行動時間（行動率）	行動時間（行動率）	行動時間（行動率）	行動時間（行動率）
マス・メディア接触合計	4：18（95）	4：53（94）	5：39（95）	5：00（97）	4：51（95）	5：07（96）
テレビ	3：13（89）	3：44（90）	4：34（91）	3：57（94）	3：46（91）	4：05（93）
ラジオ	0：24（17）	0：26（16）	0：19（13）	0：24（16）	0：19（13）	0：19（12）
新聞	0：30（59）	0：30（58）	0：28（56）	0：23（53）	0：23（52）	0：21（48）
雑誌・マンガ	0：05（9）	0：05（8）	0：05（8）	0：06（11）	0：07（11）	0：07（12）
本	0：10（12）	0：09（10）	0：10（12）	0：09（14）	0：09（12）	0：09（13）
ビデオ	0：06（7）	0：08（8）	0：10（9）	0：06（7）	0：08（9）	0：09（10）
CD・テープ	0：06（8）	0：06（7）	0：07（8）	0：09（10）	0：10（9）	0：07（8）

（出典：NHK放送調査研究所「国民生活時間調査」2000年）

レビにシフトしているということでしょう．

　他のメディアでは，ラジオの接触率と接触時間がテレビに次いで多くなっており，そのあと本の接触率・接触時間が続きます．雑誌やマンガ，ビデオ，CD・テープなどに接している人は1割前後で時間量も10分前後にとどまりますが，これらは若い層の接触率・接触時間が多く，年齢差が大きいメディアです．

　いずれにしても，1日24時間のうち5時間近く，つまり睡眠時間と仕事時間を除いた生活時間である8時間のうち6割近くをマス・メディア接触に充てているのが私たち日本人なのです[8]．

(2) 市民のメディア・リテラシー獲得の時代へ

　これほどのマス・メディアによるコミュニケーションを行っている現代人が，その議題設定機能による認知を得，またそれを多数派の意見と思い意見表明せずに沈黙しているかもしれないことについて，私たちはもっと自覚をする必要があるのではないでしょうか．それとともに，メディアをうまく使いこなして多様なコミュニケーションを行う必要性も増しています．テレビの映像言語を読み解き，「やらせ」を見抜き，新聞のキャンペーンの背後にある意図に気づき，雑誌のシニカルな言説を解読し，広告の誇大表現に対する冷静さをもち，必要な情報と不必要な情報を取捨選択し，マス・メディアに対しても意思表示を行い，インターネットを有効活用するといった，私たちのアビリティが．

　このような観点から，メディア・リテラシー（media literacy）という概念が登場し，これを市民が広く身につけるべきであるという機運が高まっているとともに，学校教育や社会教育にその概念や実践が採り入れられはじめています．いわば，新しい時代の「読み・書き・そろばん」能力というわけです．

　実際，受け身でぼーっとテレビや新聞に接し，「テレビや新聞でこう言っていた」と受け売りしたり，単に「感動した」とか「つまらなかった」と感じるだけでは，私たちは，ニュース映像がつくり

出す容疑者のふてぶてしさや，ダイエット広告がかもし出すいかにも痩せそうな商品，自衛隊の海外派遣の記事見出しが含意する世論の誘導などを，すんなりと受け入れてしまうでしょう．それでは，どんな不純物入りの食べ物を食べさせられているかもわからずに満足してしまっている，単なる一方的な消費者と同じです．この世の中には，残留農薬，遺伝子組み換え，BSE から鳥インフルエンザの罹患(りかん)に至るまで，眼に見えないプロセスを経ている食物が充ち満ちているのですから，生産物・製造物の素性を確かめるのは，私たちの生命や生活の防衛のためでもあります．メディア・リテラシーも，全く同じことが言えると思います．

イギリスでは，メディア・リテラシーについて，「メディア言語」「オーディエンス」「コード化され構成された表現」「メディア産業」の4つを基本的な軸としてとらえています．ここで「オーディエンス」と，英語をそのまま用いるのは，「受け手」とするとどうしても受け身の扱いとなってしまい，読者や視聴者の能動性が薄れてしまうからです．またメディア・リテラシー実践の先進国であるカナダの，オンタリオ州教育省が作成したテキストでは，「メディアは全て構成されたものである」「メディアは『現実』を構成する」「オーディエンスがメディアを解釈し，意味をつくり出す」「メディアは商売で行われている」「メディアはイデオロギーや価値観を伝えている」「メディアは社会的・政治的意味をもつ」「メディアは独自の様式，芸術性，約束ごとをもつ」「クリティカルにメディアを読むことは，創造性を高め，多様な形態でコミュニケーションをつくり出すことにつながる」といった8つが基本軸とされています[9]．イギリスは比較的オーソドックスなマス・コミュニケーション研究のパラダイムにのっとっており，カナダのはカルチュラルスタディーズの影響を受けているように見受けられます．

(3) メディアは構成されており，それが「現実」を構成している

カナダの8つの基本軸については，早くから市民のメディア・リテラシー獲得を提唱してきたFCT市民のメディア・フォーラムが，詳しい解説を行っていますので，それにそってみてみましょう[10]．

①メディアは全て構成されたものである

ニュース，新聞記事，ドラマ，アニメーション，ワイドショー，広告やCMなど全てのメディア表現は，誰かが，何らかの意思をもって，ある視座から，対象を取捨選択し，カメラやペンなどの道具を用いて描写し，映像や音や文章にし，時間内・ページ内に収め，編集し，電波や紙や磁気に乗せて送出したものです．100％ピュアな現実そのものや現実のコピーではあり得ません．時間や空間が切り取られたり，効果的に順序が入れ替えられたりして組み立てられたものだということを，私たちオーディエンスはまず強く自覚するところから，メディア・リテラシーが始まります．

②メディアは「現実」を構成する

私たちは，客観的にそれがどうであれ，主観的事実・主観的経験の中に生きています．他者がどのように言い，世界がどうあろうとも，「私の痛み」は「私のもの」でしかありません．医者が「あなたはどこも悪くない」と言ったとしても自分が具合が悪ければ，それは「具合が悪い」のです．このリアリティをめぐる現象学的な考え方が，メディアにもあてはまり，メディアが構成して議題設定した「現実」が，今度は私たちにとって「現実」となってゆくことを，メディアの現実構成機能と言います．

たとえば，実際には会ったこともないタレントですが，私たちはメディアを通してその人のことをよく知っています．客観的に存在している生身のタレントとメディアが描くタレントでは，メディアの方がよっぽどリアルです．私たちは，実はメディアを通じて「知った気になっているだけ」だということをよく自覚する必要があります．

③オーディエンスがメディアを解釈し，意味をつくり出す

しかし同じメディア・テクストであっても，オーディエンスは

決してみんながみんな同じ解釈を行っているわけではありません．ジェンダーや年齢，エスニシティ，所属集団などの属性，その人の性格や生育歴，文化的・歴史的背景，知識，欲求，その時の心理的・生理的状態，道徳観など，さまざまな条件によってメディアの「読み」は異なります．

　私たちオーディエンスの側に主観的な意味解釈のヘゲモニーがあるという考え方は，カルチュラルスタディーズ等が提起したもので，社会や文化の支配的価値や作り手の意味づけに沿って解釈する「優先的読み」，支配的価値や作り手の意図と自分の価値観とを折衷した「妥協的読み」，また支配的価値や作り手の意図に反撥したり批判的に解釈する「対抗的読み」などに分けられます．

(4) コミュニケートする権利の獲得に向けて

　上記3つが，メディア・リテラシーの特に重要な部分と言っていいでしょうが，ここから派生して，以下のことも認識しておく必要があります．

　④ メディアは商売で行われている

　既に述べてきたように，マス・メディアによるコミュニケーションはビジネスであり，記事も番組もCMも，作り出されている全ての情報が，利益を出し，従業員の給与を捻出し，会社を存続・発展させなければならない「商品」として売買されているものです．したがって，作り手にとってオーディエンスは消費者であり，顧客であり，購買ターゲットです．もちろん，もう1つの顧客は，広告やCMスペースを高値で買ってくれるスポンサー企業です．

　メディア・コンテンツは「売り物」ですから，口当たりがよかったり，本音にフィットしたり，珍しかったり，楽しかったり，役に立ったりなど，色いろな「味付け」をして提供されますが，それに虚偽のものや混ぜもの，毒性がないとは言えません．商業化は，「悪いものは競争によって淘汰される」という自由市場的な考えもできますが，場合によっては「悪貨は良貨を駆逐する」のように質の低

下を招くこともあります．

　⑤メディアはイデオロギーや価値観を伝えている

　「構成」された情報や情報の「商品化」は，その社会や文化のイデオロギーや価値観にほかなりません．何を報じるべきか，既に対象選びの段階から価値自由ではなく，対象へのアプローチ，表現，編集の過程は，全てその存在を社会的・文化的に拘束されています．それは，映像，アナウンス，テロップ，効果音，登場人物，記事見出し，記事文，トピックスの順序，宣伝のキャッチコピーなど，あらゆるところにしのび込みます．

　端的な話，若い女性がニッコリ笑ってお酒のパッケージを掲げている何気ないポスター１つにも，若い女性には人びと（特に男性）の視線を惹きつける価値があって，若い女性が売り上げを伸ばす道具になるという，社会に支配的なジェンダー・イデオロギーが宿っているのです．あるいは，起用されているタレントによっては，売り上げが伸び悩んでいるので今度は女性をアルコール消費者のターゲットにしよう，との意図が読み取れるかもしれません．

　⑥メディアは社会的・政治的意味をもつ

　メディアは産業であり，イデオロギーですから，当然社会的文脈・政治的文脈で意味をもっているとともに，社会や政治にも大きな影響を与えます．

　野菜の汚染に関する報道が，人びとの野菜離れをもたらし，汚染されていない野菜価格を高騰させ，農家が政府に汚染野菜の買い上げを要求し，利権者は規制緩和を政治家に働きかけ，政治家は報道に圧力をかけ，報道は自粛され，その政治家は票を取る……，そのようなことがメディアをめぐって日常的に生じているのです．

　⑦メディアは独自の様式，芸術性，約束ごとをもつ

　それぞれのメディアには，映像表現や音声表現，文字表現など，おのおのの特性があります．その特性によってメディア独自の表現方法＝言語と文法があり，メディアとメッセージとは不可分です．たとえば，同じできごとでも，テレビが報道するのと，新聞が報道

するのとでは，また週刊誌に載るのと単行本になるのとでは，表現の様式が違いますから，受け取る印象が異なります．同じ原作でも，紙の上のマンガとアニメーションとでは，フキダシとコマ割りのマンガに対して連続した動画に音声つきのアニメと，技法が違います．メディアごとに技法やコード（約束ごと）が違うというこの特性を知っておくことで，同一の素材を多様なメディアで検証したり楽しんだり，またより深く理解することができるでしょう．

⑧クリティカルにメディアを読むことは，創造性を高め，多様な形態でコミュニケーションをつくり出すことにつながる

クリティカルなメディアの解釈実践をしてくる中で私たちは，主体性を身につけ，メディアに対しても異議申し立てなどの働きかけを行ってアクセスしたくなるとともに，さらには自分たちの情報，主流メディアにない自前のメディア，コミュニケーションをつくり出したいと望むようになってくるでしょう．知りたいことを知り，見たいものや読みたいもの，聞きたいことを見聞きし，話したいことを話し，出会いたい人と出会い，行きたい場所に行く，こういった自由は私たちの基本的人権であり，これこそが「コミュニケートする権利」にほかなりません．

これからも変容してゆくマス・コミュニケーションを，私たちのコミュニケーションに引きつけてゆき，社会の円滑ないとなみや文化を活性化するためには，メディア・リテラシーの獲得がキーとなるでしょう．

【注】
1）手書き文字から印刷に伴う社会関係や人びとのメンタリティの変化については，竹内成明『コミュニケーション物語』人文書院，1986年．が参考になります．
2）人類の通史の中でメディアの変容にともなってコミュニケーションも変化してきたさまについて，社会史的にみたものに，H．J．チェイター，

D．クローリー，P．ヘイヤー編（林進・大久保公雄訳）『歴史のなかのコミュニケーション——メディア革命の社会文化史』新曜社，1995年．があります．

3）ここら辺のマス・コミュニケーションの機能については，W．シュラム編（学習院大学社会学研究室訳）『新版　マス・コミュニケーション』東京創元社，1968年．などを参考にしてみてください．

4）J．ミルトン（石田憲次，上野精一，吉田新吾訳）『言論の自由——アレオパヂティカ』岩波文庫，1953年．

5）田崎篤郎・児島和人編著『マス・コミュニケーション効果研究の展開［改訂新版］』北樹出版，2003年．には，「効果論」研究のレビューがされています．ここで例に挙げた火星からの侵入パニックや，ケイト・スミスのラジソン，個人的影響（パーソナル・インフルエンス）とオピニオンリーダー，メディアの議題設定（アジェンダ・セッティング）機能，沈黙のらせん過程理論などは，いずれもオリジナルの研究書が刊行・邦訳されています．

6）ネットワーク社会，デジタルメディア社会のゆくえについては，色ろな本が出ています．ここでは，林紘一郎・牧野二郎・村井純監修『IT 2001——なにが問題か』岩波書店，2001年．を挙げておきます．

7）日本のマス・コミュニケーションの現状には，電通総研編『情報メディア白書』ダイヤモンド社,毎年版．や，藤竹暁編『図説　日本のマスメディア』NHKブックス，2000年．などが役に立ちます．

8）日本人のマス・コミュニケーション行動，メディア行動，情報行動に関しては，NHK以外にもさまざまな研究機関が継続的な調査を行っています．毎日新聞社の「読書世論調査」，ビデオリサーチの「MCRメディア環境調査　生活行動調査」などを参照してみてください．

9）カナダ・オンタリオ州教育省編（FCT 訳）『メディア・リテラシー——マスメディアを読み解く』リベルタ出版，1992年．

10）鈴木みどり編『メディア・リテラシーの現在と未来』世界思想社，2001年．

【参考文献】

[1] 伊藤守・藤田真文編『テレビジョン・ポリフォニー』世界思想社，1999．

[2] 伊藤守編『メディア文化の権力作用』せりか書房，2002．

[3] 稲葉三千男・新井直之・桂敬一編『新聞学［第3版］』日本評論社，1997.
[4] 井上輝子・女性雑誌研究会『女性雑誌を解読する』垣内出版，1989.
[5] 岡田直之『マスコミ研究の視座と課題』東京大学出版会，1992.
[6] 岡満男・山口功二・渡辺武達編『メディア学の現在［新版］』世界思想社，2001.
[7] 香内三郎・山本武利ほか『現代メディア論』新曜社，1987.
[8] 香内三郎・山本武利ほか『メディアの現在形』新曜社，1993.
[9] 児島和人・橋元良明編著『変わるメディアと社会生活』ミネルヴァ書房，1996.
[10] 佐藤　毅『マスコミの受容理論』法政大学出版局，1990.
[11] 清水英夫・林伸郎・武市英雄・山田健太『マス・コミュニケーション概論』学陽書房，1997.
[12] Ｊ．ディッキー・Ｋ．デイビスほか編（井上輝子・女性雑誌研究会編訳）『メディア・セクシズム』垣内出版，1995.
[13] 鈴木みどり編『メディア・リテラシーを学ぶ人のために』世界思想社，1997.
[14] Ｓ．ユーウェン（平野秀秋・左古輝人・挾本佳代訳）『ＰＲ！――世論操作の社会史』法政大学出版局，2003.
[15] 武市英雄・原寿雄編『叢書現代のメディアとジャーナリズム　グローバル社会とメディア』ミネルヴァ書房，2003.
[16] 竹内郁郎・岡田直之・児島和人編『リーディングス日本の社会学　マス・コミュニケーション』東京大学出版会，1987.
[17] 竹内郁朗・児島和人・橋元良明編著『メディア・コミュニケーション論』北樹出版，1998.
[18] 田島泰彦・右崎正博・服部孝章編『現代メディアと法』三省堂，1998.
[19] 田中和子・諸橋泰樹編著『ジェンダーからみた新聞のうら・おもて』現代書館，1996.
[20] 田村紀雄・林利隆編『新版　ジャーナリズムを学ぶ人たちのために』世界思想社，1999.
[21] Ｄ．マクウェール（竹内郁朗ほか訳）『マス・コミュニケーションの理論』新曜社，1985.
[22] 東京大学社会情報研究所編『社会情報学Ⅰ　システム』東京大学出版会，

1999.
[23] 東京大学社会情報研究所編『社会情報学Ⅱ　メディア』東京大学出版会，1999.
[24] 原寿雄編『市民社会とメディア』リベルタ出版，2000.
[25] 春原昭彦・武市英雄編『ゼミナール　日本のマス・メディア』日本評論社，1998.
[26] 村松泰子・H．ゴスマン編『メディアがつくるジェンダー』新曜社，1998.
[27] 諸橋泰樹『ジェンダーの語られ方，メディアのつくられ方』現代書館，2002.
[28] 湯浅俊彦・武田春子編『多文化社会における表現の自由』明石書店，1996.
[29] 吉見俊哉・水越伸『メディア論』放送大学教育振興会，1992.

第6章
説得的コミュニケーション
—— 応用例としての広告効果

浅川雅美

　主に言語的な手段によって，他者の態度や行動を一定の方向に変えようとする働きかけのことを「説得」といいます．そして説得のためになされるコミュニケーションを，「説得的コミュニケーション」といいます．説得は，人と人との間のコミュニケーションにおいても行われますが，広告などのように，新聞，雑誌，ラジオ，テレビなどのマスメディアを通して，多数の人びとに対しても行われています．本章では，はじめに，効果的な説得的コミュニケーション全般について考えます．次に，説得的コミュニケーションの例として広告をとりあげ，広告効果のプロセスについて考えたいと思います．

1. 説得的コミュニケーションの3要因

　説得効果を左右する基本的な要因として，(1)送り手，(2)メッセージ，(3)受け手が挙げられます．ここでは効果的な説得的コミュニケーションについて，この3要因に分けて考えます．

(1) 送り手
①信憑性
　同じメッセージでも，コミュニケーションの送り手の信憑性（credibility）によって受け手の反応は異なります．私達は，信憑性の高い情報源から発せられたメッセージを受信すると，その内容にそった方向に態度や行動が変わりやすいのです．この送り手に対する信憑性を規定する要因は，信頼性（reliability）と専門性（expertness）です．信頼されている送り手のコミュニケーションは効果が大きいのですが，信頼されていない送り手のコミュニケー

ションは効果が低いのです．また，コミュニケーションの送り手が，そのテーマについて，どの程度専門的な知識や能力をもっているかという専門性も，説得効果にとって大切な要素です．

たとえば，A社のサプリメントの効果について説得をする場合，A社の社長が自ら説得するよりも，医師や栄養士が説得する方が効果的であることは容易に想像できます．では，パソコンについてあまり分かっていない人がパソコンを購入するにあたって，専門性が同じくらい高い販売員と友人から説得を受けた場合，どちらの説得効果が大きいでしょうか．販売員は「売りたい」という気持ちが強いですが，友人にはそのような気持ちがないため，友人の方が信頼性が高いと思われます．したがってこの場合，友人の方が説得効果が高いでしょう．

以上のように説得効果にとって，送り手の信憑性，すなわち信頼性と専門性は大切な要素です．しかし，この送り手の信憑性の効果は長時間継続するものではありません．ホブランドら（1951）は，送り手の信憑性の説得効果の影響は，時間の経過とともに薄れていき，情報内容そのものの影響がより強く現れるという現象を見出しました（図1）．これを「スリーパー効果」といいます．

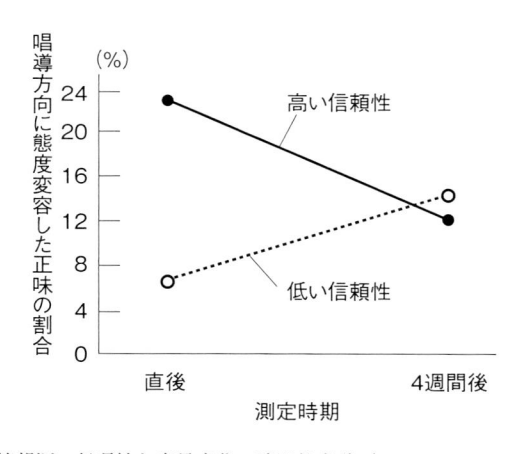

図1　情報源の信憑性と意見変化の時間的変動（Hovland & Weiss, 1951）

説得の直後は，送り手と情報の結びつきが強いため，送り手の高い信憑性が説得効果にプラスに働き，低い信憑性はマイナスに働きます．しかし，時間の経過とともに，送り手と情報の結びつきが弱くなるため，両者の説得効果の差も小さくなると推察されています．

②好意
　受け手が送り手に対して，好意的かどうかによっても説得効果は異なります．一般的に，好意をもつ送り手に説得された方が説得されやすい傾向にあります．では，好意的に思われる送り手とは，どのようなタイプなのかについて考えてみましょう．

(a) 身体的（外見的）魅力のある送り手
　送り手のもつ身体的魅力が，説得効果を左右する場合もあります．チャイケン（1979）の研究によると，身体的魅力の高い送り手ほど，相手の意見や行動に及ぼすインパクトが強く，さらに，この傾向は受け手が男性よりも女性の場合に顕著であることが分かっています．

(b) 受け手と類似性のある送り手
　受け手が送り手に対して，自分と外見や態度などが似ていると感じる程，説得されやすいとされています．

(c) 送り手の親しみやすさ（接触回数が多いこと）
　ザイアンス（1968）は，対象物を見る回数が増えるほど，その物に対する好意が上昇することを指摘しました．たとえば，恋愛において，何度も何度も会っているうちに，当初は「悪くない」程度だった相手に対して好意を持つことがあります．よく，若い女性がお見合いをして，「別に悪くないけれどトキメキがない」などという理由で，あっさりと断ってしまうことがあります．そのような時，周りの人たちは「何度か会ってみたらどう」などと言うことが多いでしょう．これは理にかなっていることが分かっていただけたでしょうか．

コラム：自分と似た態度をもつ相手にひかれる理由

　自分と似た態度をもつ相手にひかれることは多いものです．それはどうしてでしょうか．ここではバランス理論の考え方を紹介します．
　ハイダー（1958）は，人びとのp-o-x認知が均衡する条件を示す理論を提唱しました．

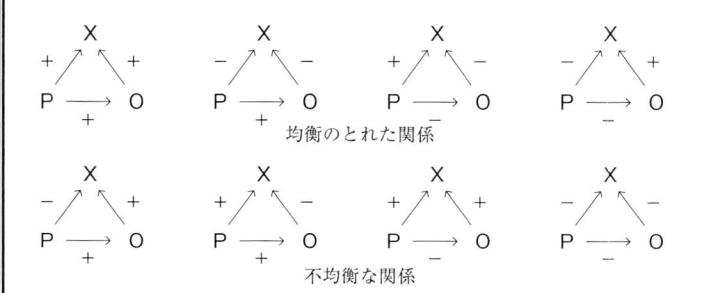

```
    X              X              X              X
  +↗ ↖+          -↗ ↖-          +↗ ↖-          -↗ ↖+
  P —→ O         P —→ O         P —→ O         P —→ O
     +              +              -              -
           均衡のとれた関係

    X              X              X              X
  -↗ ↖+          +↗ ↖-          -↗ ↖+          +↗ ↖-
  P —→ O         P —→ O         P —→ O         P —→ O
     +              +              -              -
            不均衡な関係
```

　ここで p とは，認知する人であり，o は他者，x は認知対象を指します．そしてp-o, o-x, p-xはそれぞれ心情関係であり，これらは＋または－の符号をもちます．この3符号の積が＋であればp-o-xシステムは均衡しており，－ならば不均衡状態です．不均衡な p-o-x システムは不快な緊張をもたらすため，均衡状態になろうとします．均衡化は，3符合の積が＋となるように，関係のどれかを変化させることで達成されます．
　たとえば，「結婚をしても仕事を続けたい」と言ったら，彼に反対されました．この時の状態は不均衡です．では，どのようにすれば均衡状態になるのでしょうか．1つは仕事をやめてしまうことです．それがどうしてもできない場合は，別の人と結婚する（彼と別れる）ことです．それもどうしてもいやだという場合は，彼を説得するしかありません．これがバランス理論の考え方です．
　本題に戻ると，自分も相手も同じ対象に同様の態度を持っている時，相手に好意を抱くことによって，認知的にバランスの良い状態になります．逆に，好意を持たないと認知的にバランスの悪い状態になるため，自分と似た態度を持つ相手に惹かれるのです．

また，実際に会わなくても，テレビCMなどで何度も見ることによっても，同様のことが生じることがあります．最初はそれほど好きでもなかったタレントを，テレビCMなどで毎日毎日見ているうちに好きになった経験はないでしょうか．以上述べてきたことを「単純接触効果」といいます．つまり，見る回数が増えるに従って，親しみがわき，好意が高まる．広告でいえば，接触する回数がある程度まで多くなると広告効果が高まると考えられています．

　しかし，あまりに何度も接触すると「飽き」が生じることもあります．では，広告の場合，何回くらい接触したときが効果的なのでしょうか．クラグマン（1972）は3回で十分であり，それ以上増やしても意味がないと考えています．一方ネイプルス（1979）は，1購買サイクルまたは4週間に最低3回は必要であり，それ以上増やすと伸び率は低下するが引き続き効果は増加すると考えています．

　ちなみに，それ以下の接触では反応が起こらないと見られる到達頻度(フリクエンシー)を最低有効フリクエンシーといいます．一方，それ以上いくら接触しても効果がないとみられるフリクエンシーを最高有効フリクエンシーといいます．そして，この間の範囲にあるフリクエンシーを「有効フリクエンシー」といいます．

　しかし，送り手の信憑性や送り手への好意が，常に説得効果を高めるわけではありません．「精緻化見込みモデル」のところで詳しく述べますが，受け手にとって重要なテーマでメッセージ内容を理解できる場合は，メッセージ内容自体が吟味され，送り手の信憑性や送り手への好意は，あまり影響を及ぼさなくなります（P.167の精緻化見込みモデルを参照）．

(2) メッセージ

　メッセージの訴求方法やメッセージの提示順序によっても説得効果は異なります．ここでは訴求方法として①一面呈示と両面呈示，②恐怖を用いた訴求について考えます．さらに，メッセージの提示順序による③順序効果についても考えたいと思います．

①一面呈示と両面呈示

　受け手を説得するにあたって，送り手に有利な情報だけを示して説得する方法と，不利な情報も同時に示したうえで説得しようとする方法があります．前者を「一面呈示」，後者を「両面呈示」といいます．どちらの呈示方法が効果的であるかは一概にはいいにくいのですが，受け手が送り手の説得したい方向と同じ態度を持っている場合には，一面呈示が有効であるといわれています．ある商品を買おうと思っている人に，その商品の悪いところまで説明することは逆効果になってしまいます．反対に，受け手が送り手の説得したい方向と反対の態度を持っている場合には，一面呈示は，「押しつけられている」という印象を受け手に持たせてしまうことがあります．その点，両面呈示は，押しつけがましいところがないため，心理的抵抗（心理的リアクタンス）を引きおこすことが少なくなります．

　たとえば価格の安い普通のカメラを購入しようとしている消費者に，一眼レフのカメラを薦める場合，「一眼レフは非常に映りがよいですよ．望遠レンズをつければ星だって撮影できます．それに流行にも左右されません」と，一眼レフの良い点ばかりを挙げて勧めると，消費者は，「普通のカメラを買う自由がない」，「一眼レフを押しつけられている」という印象を持ってしまいます．それよりも，「確かに普通のカメラよりも割高で，持ち運びの時に重いですが，非常に映りがよいですよ．そのうえ流行にも左右されません」と悪い点を認めた上で，良い点を言う両面提示の方が，一眼レフに対する態度は肯定的な方向に動きます．ただし，最初から一眼レフを購入しようとしている消費者に，「一眼レフは高いし，持ち運びの時に重いです」といった悪い点を，わざわざ説明することは逆効果になってしまいます．

②恐怖を用いた訴求

　相手に脅しをかけて恐怖心を呼び起こし，対処するにはどのようにしたらよいのかを示すことによって，その行動をとらせるように

する訴求は古くから行われている一般的な手法です．しかし，大きな恐怖を与えた方が効果的か，それとも小さい方が効果的なのかについては，①恐怖感が強いほど効果は大きいと考える立場と，②恐怖感が弱すぎても効果は少なく，強すぎても効果は少なく，中程度が効果的であると考える立場があります．つまり，どの程度の恐怖感を与えると効果的であるのかについては，統一の見解がありません．

しかし，広告ではこの手法がよく用いられています．たとえば，太っている女性は異性から好かれないとか，これからの時代パソコ

コラム：心理的リアクタンス

たとえば，あなたがテスト期間中で，勉強やレポートを書くことに忙しくて，部屋に資料が無秩序に置いてあり，しかしそれを片付ける時間がなかったとします．家族から「部屋をきれいにしなさい．本当にどうしてこんなに汚くなってしまうのでしょう．少しは片付けなさい」と強く言われたとします．恐らくあなたは「今忙しいからそれどころではない．テスト期間が終わったら片付けようと思っていたのに」と反発し，部屋を片付けないでしょう．

このような心理的過程をブレーム（1966）は「心理的リアクタンス」と呼びました．私たちは，自分の好きなときに好きなことを好きなやり方でできる自由があると思っています．しかしその自由は侵害されることがあります．このとき，「自分は自由に行動ができない」ということを認識し，心理的反発感情が発生します．この状態をリアクタンスといいます．

リーガンとブレーム（1972）は，スーパーマーケットの客を被験者とした実験を行い，一部の被験者には特定の商品を買うように圧力をかけましたが，その他の客には穏やかに勧めました．その結果，買うように圧力を受けた客は，その他の客に比べてあまり勧められた商品を購入しませんでした．つまり，リアクタンスを起こさせるような説得の方法は失敗に終わるのです．

ンが使いこなせないと生活していけないとか，保険に入っていない人ほど病気にかかりやすく病気をしたとき大変なことになってしまうとか，サプリメントをとらないと病気になりやすい，などという不安を持たせるような訴求がしばしば行われています．

　また，悪徳商法の手口として用いられることもよくあります．たとえば，化粧品のキャッチセールスで，10年後の顔面のシュミレーションをして，しわだらけになっている顔を見せ，「せっかくのきれいなお顔なのに，間違ったお手入れをしていると，しわだらけになってしまいますよ．この化粧品を使えば大丈夫です」などと言い，何とかその化粧品を売りつけようとしたりします．この種の訴求は，送り手（広告主）の信憑性が高い時だけ説得効果があります．逆に，送り手に信頼性や専門性がないときにこの訴求をすると，説得したい方向と逆の方向に態度を形成させてしまう皮肉な結果（ブーメラン効果）が生じる可能性もあります．「きちんと歯を磨かないと虫歯になってしまいます」とか，「紫外線の強い日には日焼け止めをぬらないとシミになります」とか，「乾燥している時にしっかり保湿をしないとしわができやすいです」という程度の恐怖感が，説得に効果的かもしれません．

　③順序効果
　ホブランドによれば，背反するメッセージが同じ情報源から同時に流されると，最初に流されたメッセージの方が説得効果が高いとされています．これを「初頭効果」といいます．したがって，両面提示で説得したい場合は，説得したいメッセージの方を最初に持ってきた方が有利かもしれません．

　(3) 受け手
　同じ説得を受けても，その効果は受け手により個人差があります．強く説得される人もいれば，あまり説得されない人もいます．なかには説得したい方向と逆方向に態度や行動を変化させる人もいます．

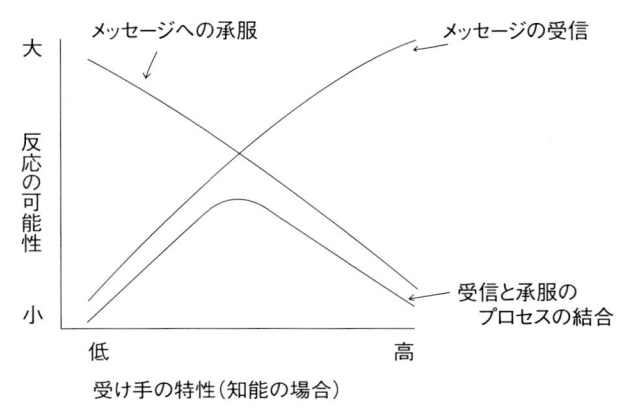

図2 受け手のパーソナリティ特性と被説得性との関係（McGuire, 1968）

このような被説得性は，受け手のパーソナリティ特性と密接な関わりがあるとされています．

マクガイア（1968）は，受け手のパーソナリティ特性と被説得性の関係を図2のように表現しています．ここでは受け手のパーソナリティ特性として「知能」について考えています．

すなわち「知能の高い者ほどメッセージをよく理解するが，同時にメッセージを批判する能力も高く，説得されるより抵抗する可能性が高い．反対に知能の低い者は批判する能力は低いがメッセージの内容をほとんど理解できないため，説得されにくい．つまり知能が中位の人が最も説得されやすい」ということになります．

また榊（2002）は，説得されにくいタイプとして表1に示した6類型をあげています．

以上のように，説得されやすいかどうかは，受け手のパーソナリティー特性に関係しているため，効果的な説得的コミュニケーションをするには，相手のパーソナリティをよく知っておくことが大切でしょう．

第6章 説得的コミュニケーション

表1 説得されにくいタイプ

タイプ	
1. プライドが高い	自分の意見や考え方に自信があり，それと異なる内容について説得しようものなら，その是非に関わらず，自分のプライドが傷つけられると感じるため，容易には受け入れない．
2. 心配性である	心配性な人は，自分の身の周りで起こるすべてのことに防衛的であるため，説得しにくい．
3. 攻撃的である	人の意見に耳など貸さず，自分の意見を相手にゴリ押しするタイプも説得しにくい．
4. 権威主義的である	権威主義的な人は自分より地位が高い人や社会的に認知された権威に従順であるため，特定の説得（たとえば社会的に評価の高い人の説得）以外には説得されにくい．
5. 知的水準が高い	知的水準が高い人も，多くの研究から説得されにくいタイプであることが証明されている．ただし，明らかに納得できない非論理的な説得には動かされないものの，論理的に筋の通った説得には従いやすいという調査結果も報告されている．
6. 人の目を気にしない	このタイプの人は，状況や相手に惑わされることがなく，他者を喜ばせたり，他者の歓心を得たりするために自らの言動を変えることもない．状況に即した行動を取るという習慣がないため，判断に迷った時などは，自分の信念に基づいて行動する．

［榊 (2002) より引用］

2. 段階的勧誘法

先に述べた一面呈示と両面呈示や恐怖を用いた訴求は，単発の一方的メッセージによって，説得効果を得ようとするものでした．これに対して，何回かにわたる接触や持続的な交渉場面で有効性を発揮する説得技法があります．ここでは，(1) フット・イン・ザ・ドア（foot-in-the-door）技法，(2) ドア・イン・ザ・フェイス（door-in-the-face）技法，(3) ロー・ボール（low-ball）技法の3種を紹介

します．いずれも交渉場面を想定した説得技法なので，広告のような単一で一方的なコミュニケーションではなく，対面的コミュニケーションでよく用いられています．

(1) フット・イン・ザ・ドア技法

フット・イン・ザ・ドア技法とは，はじめに小さな依頼をして応じさせ，その後，本命の大きな依頼をするという方法です．販売活動でよく使われる技法です．たとえば，セールスマンは，商品を購入する気持ちのない主婦に，最初は「あいさつだけでも」と玄関に入れてもらえるよう頼みます．あいさつを受け入れるという小さな依頼を承諾してもらえれば，次には商品購入という大きな依頼の承諾が得られやすくなると考えられているからです．

フリードマンとフレーザー（1966）は，この考えを証明する実験を行っています．実験者が，カリフォルニアの住民の家を訪問し，「安全運転」と書かれている小さなステッカーを，車の窓に貼ってほしいという小さな依頼をしました．その二週間後，別の実験者が，その小さな依頼を承諾した家庭を訪問し，「安全運転」と下手な字で書かれた大きな看板を，庭先に立ててほしいという大きな依頼をしました．その結果，76％もの住民が看板を庭先に立てるという大きな依頼を承諾しました．ちなみに，はじめから大きな依頼をした場合（看板を庭先に立ててほしいとはじめから依頼した場合）には約17％の住民からしか承諾を得られませんでした．

(2) ドア・イン・ザ・フェイス技法

ドア・イン・ザ・フェイス技法とは，先に大きな依頼をし，それをわざと断らせておいてから，譲歩する形でより小さな本命の依頼をする，という方法です．

たとえば，保険のセールスマンが，少し高めの保険を最初に勧めて，消費者にわざと断らせておいてから，次にもっと安い保険（その人の収入に見合っているような保険）を勧めます．すると，先に

断ったという後ろめたさもあるため，その安い方の保険を契約する可能性は高いとされています．

チャルディニーら（1975）は，大学生に，「非行少年の施設で週2時間ずつ2年間，無償のカウンセラーをしてください」という依頼をしました．全員の学生に断られましたが，次に「非行少年と動物園に行くので2時間ほど同行してください」という小さな要請をしました．すると約50％の学生がこの要請を承諾しました．一方，最初から小さな要請だけをした場合の承諾率は約17％でした．

(3) ロー・ボール技法

まず，魅力的な条件や商品を示しておいて，消費者に意思決定をさせてしまいます．そして，意思決定がなされてから契約するまでの間に，悪い条件を加えたり，良い条件のいくつかを取り下げたりします．しかし，消費者は一度意思決定してしまうと，あまり撤回しようとしません．そのような性質を利用した説得技法です．

たとえば，ある新婚の夫妻がマンションを探していて，家賃が安く，しかも設備がよく住環境もよい物件を見つけたとします．「これを借りよう」と意思決定した後に，「定期借家なので3年間以内の契約となります」とか「来年から3カ月の大規模修繕がはじまります」などといった悪い条件を知らされても，意思決定を覆すことは少なくなります．しかし，最初から悪い条件を知っていたら，その物件を選ばなかったかもしれません．

チャルディニーら（1975）は，電話で大学生に「心理学の実験に参加してほしい」と要請し，承諾させた後に「朝7時から実験をする」と告げたところ，約56％が承諾しました．一方，最初から「朝7時に始まる実験に参加してほしい」と要請した場合の承諾率は約31％でした．

以上，段階的勧誘法について考えましたが，他人をだましたり，必要以上に賢く生きるためにこれらの方法を紹介したのではないことを付記します．このような説得を受けたときに，本来は承諾しな

かったようなことを承諾してしまい，後悔しないように役立ててください．

3．広告効果のプロセス

　広告は，説得的コミュニケーションであるといわれることがあります．つまり，広告には，消費者にそのブランドに対する態度変容をさせたり，購買意欲を生じさせたりするような，説得的コミュニケーションとしてのあり方があります．その説得のプロセスをモデル化したものが，次に述べる AIDMA や DAGMAR などの，広告効果の階層モデルです．

(1) 広告効果の階層モデル
　広告効果に関しては，いくつかの広告効果の階層モデルが提案されています．その中で最も古いものとして，２０世紀初頭にルイスがセールスの経験則をもとに理論化した，「AIDA の法則」が挙げられます．
Attention（注意）→ Interest（関心）→ Desire（欲求）→ Action（行動）
の頭文字をとったもので，人間が広告に接触してから行動を起こすまでの心理変容を４段階で説明しています．消費者は広告に注目し，その商品に興味を持ち，その商品が欲しくなり，購入するというものです．この「AIDA の法則」は，多くの広告効果の階層モデルの原型となっています．ここでは，広告効果の階層モデルの中でも，よく知られている① AIDMA モデルと② DAGMAR モデルを紹介します．

① AIDMA モデル
　アイドマとは，
　　Attention（注意）→ Interest（関心）→ Desire（欲望）
　　→ Memory（記憶）→ Action（行動）
の頭文字をとったもので，AIDA に Memory（記憶）を加えたモ

デルです．人間が広告に接触してから行動を起こすまでの心理変容を5段階で説明しています．

具体例を挙げると，雑誌にパソコンの広告が出ていたのを見た（注意）→宣伝文を読んで，他のパソコンより画面がきれいで目が疲れにくいことに興味を覚えた（関心）→日曜日，電気街へ行き，実物を操作したり，店員さんからそのパソコンについて説明を聞いた．その結果，どうしてもそのパソコンが欲しくなった（欲望）→しかし，所持金が足りないので，とりあえずメーカー名とブランド名を覚えておき，後日買うことにした（記憶）→後日，そのパソコンを最も値引率の高そうな電気店に行って買った（行動）という流れです．

② DAGMAR モデル

DAGMAR とはコーリー（1961）の著書『Defining Advertising Goals for Measured Advertising Result』の頭文字をとったものであり，直訳すると「広告効果を測定するための広告目標の設定」です．この概念は，コミュニケーションに関する理論や知見を広告効果に応用したものです．

DAGMAR の理論では，広告効果が実現するプロセスを，
　　認知（awareness）→理解（comprehension）
　　→確信（conviction）→行動（action）
の4段階に分けています．つまり広告を見て，メッセージの内容を理解し，買いたくなり，実際に購入するという階層を想定しています．

そして，コーリーは，従来「売り上げ」（＝行動）だけが注目されがちであった広告効果は，「売り上げ」という最終段階だけではなく，「認知」，「理解」，「確信」といった中間段階においても，各段階に中間目標を設定することによって測定できるとしました．たとえば，あるブランドのダイエット食品の「認知率が30％，理解率が15％，確信率が10％，行動率が5％」であった場合，「認知率が50％，理解率が30％，確信率が15％，行動率が10％になること

を目指そう」などと，現在の数値を基準として広告目標を定めます．そして，広告を実施した後に，それらの数値がどのように変わったかを調べ，広告前後のスコアの差を広告効果と判断するのです．

　以上，二つの広告効果の階層モデルを紹介しましたが，これらのモデルの背景には，人びとの購買行動は合理的であるということが仮定されています．しかし，私達は，衝動買いをすることもあります．また，缶ジュース，スナック菓子や歯ブラシなどを購入する時に，いちいちAIDMAのような手順を踏むのか，何気なく見ているテレビCMに説得されるのか，などの疑問が生じるでしょう．

③クラグマン（1965）の低関与学習理論

　AIDMAやDAGMARなど広告効果の階層モデルは，印刷広告の効果を考えた理論であり，広告には，消費者にそのブランドに対する態度変容をさせたり，購買意欲を生じさせたりするようないわゆる「説得的コミュニケーション」としてのあり方があるという前提に立っています．

　しかし，クラグマン(1965)は，現代の広告は，広告するメディアが，印刷メディアからテレビを中心とした電波メディアに重心を移してきたため，「説得的コミュニケーション」とは言いがたい面も出てきている，と指摘しました．つまり，テレビは，印刷メディアのように自ら読むという能動的で関与の高いメディアではなく，受動的で，関与の低いメディアです．したがって，テレビ広告の効果を考えるには，それ以前の印刷広告の効果を考える理論とは異なる理論が必要であると考え，「低関与学習理論」を提唱しました．彼は次のように主張しました．

　　テレビへは，印刷メディアよりも受け身の状況，すなわち，関与（コミュニケーション関与／媒体関与）の低い状況で接触するが，くり返し接触することにより，ブランド名などが学習されるなどの小さな変化が生じる．しかし，広告しているブラ

コラム：さまざまな関与概念

「関与」という用語は，社会心理学の社会的判断理論において導入された「自我関与」を起源としています．しかし，消費者行動研究における「関与」は，自我関与とは異なり，また，それを用いる研究者によって意味するものが異なっているというのが現状です．ここではいくつかの関与概念を紹介します．

① 自我関与
　「事物または考えが個人の価値体系の中心に関連する程度」を指す．
② コミットメント
　「ある問題の特定の立場への関与」のこと．問題自体に対する関与と異なる．
③ コミュニケーション関与・広告関与
　「特定の時におこるもので，場面特有で，一時的なもので，コミュニケーション，特に広告に対する関与」である．
④ 購買関与
　自我関与や知覚したリスクなどによって購買重要性が高くなる．購買関与は状況関与と反応関与の側面がある．
⑤ 状況関与
　「ある状況がその状況においてその人の行動に対する関心を引き起こす能力」のことである．
⑥ 問題関与
　「個人の要求，価値に関連するものであり，そのものに対する関与」．
⑦ 製品関与
　「購買目標がない時に，リスクに基づかず，製品と個人の欲求・価値・自己概念との関連の強度により生じる関与」を指す．
　製品によって関与が違うことは良く知られている．乗用車，家などの高関与製品から，歯ブラシ，電池などの低関与製品の区分は一般に製品によって関与が異なることを基盤にしている．

［以上，堀（1991）より引用］

ンドの商品に好意を持つといったブランドに対する態度変容は生じない．ところが，購買する時になると，先に述べた小さな変化の累積が，消費者にそのブランドを買いたいという気持ちにさせるのである．そして実際にその商品を購入し，使用した後にはじめて，その商品は良いとか悪いといった，いわゆるブランドに対する態度変容が生じることになる．

　つまり低関与学習理論では，ブランドに対する態度変容には至らないブランド名の認知といった程度の変化が，コミュニケーション効果となります．この理論が発表されて以降，関与度の違いから広告効果を説明することが多くなってきました．

④レイ（1973）の広告効果モデル
　このクラグマンが問題にした広告に対する関与（コミュニケーション関与／媒体関与）という概念は，レイ（1973）により引き継がれました．レイ（1973）は，消費者の製品関与が高いか低いかと，ブランド間に差があるかどうかによって，広告効果の階層モデルが異なることを指摘しました．レイは，ラヴィッジとスタイナーが用いた「認知（Cognitive）」，「情緒（Affective）」，「意欲（Conative）」という三つの次元 [1)] を用いて，次の(a)〜(c)の階層を提案しました．なお，ここでいう「認知」とは製品の名前を知ったり理解すること，「情緒」とは製品を好きになったり製品が良いとか悪いとか確信すること，「意欲」とは製品を購入しようとすることです．

(a) 学習階層（認知→情緒→意欲）
　広告によってブランドを知って，次に情報を集めてブランドの品質や性能を理解し，そのブランドが，自分にとって良いものであることを確信し，最後に購入に至るタイプです．このような段階を踏むのは，消費者の製品関与が高く，ブランド間の品質や性能に差があり，マスメディアが重視され，かつそのブランドが新製品の場合

などです．たとえば，パソコン，デジカメ，および海外旅行などが該当します．AIDMAやDAGMARの理論と考え方が一致しています．

(b) 不協和帰属階層（意欲→情緒→認知）

製品を買った後で，自分の選択が間違っていなかったことを確認するタイプです．フェスティンガーの「認知的不協和の理論」に従えば，消費者は自分が購入したブランドについての好ましくない情報を入手してしまった場合，不協和を低減するために自分にとって都合のよい情報を入手することで，正当化しようとするのです．また，ワイナーの「帰属理論」に従えば，「自分が買ったものだから良いものである」といったように，消費者は行動に起因して評価しようとするのです．このような段階を踏むのは，消費者の製品関与が高く，ブランド間の品質や性能に差が少なく，ブランドに関する情報はマスメディアよりも個人を通して受信し，かつその製品のライフサイクルが成熟期にあるような場合です．たとえば冷蔵庫や掃除機のような従来からあるタイプの家庭電気製品などが該当します．

(c) 低関与階層（認知→意欲→情緒）

あるブランドの名前を知って理解して，とりあえずそのブランドを買って使ってみてから，そのブランドで良かったと確信するタイプです．このような段階を踏むのは，製品関与が低く，ブランド間の品質や性能に差が少なく，マスメディアを利用した広告が十分に行われ，製品のライフサイクルが成熟期にあるような場合です．たとえば，缶ジュース，歯ブラシ，電池およびティッシュなどのような商品が該当します．このモデルは，クラグマンの「低関与学習理論」に基づいています．

(2) 精緻化見込みモデル

先述の通りレイ (1973) は，関与とブランド間の差異によってモデルを分けて考えましたが，一つのモデルに，関与（問題関与）によっ

て異なるルートを想定しているのが，ここで紹介するペティとカシオッポ（1986）の「精緻化見込みモデル」（Elaboration Likelihood Model：ELM）です．このモデルは，説得的コミュニケーションを受けたとき，受け手にとってそのメッセージの内容が個人的関連性があるかどうかという，いわゆる「問題関与」が高いか低いかによって，その人の説得のされ方が異なる，という考えをもとにして理論化されています．「精緻化」とは，送り手が主張したメッセージ内容に関して，受け手が能動的に考え，情報処理することです．この精緻化が生じるかどうかは，受け手の動機づけと能力によって決まります．そして，このモデルにおいては，説得的コミュニケーションを受けた時，そのメッセージ内容を考えようとする動機づけと，メッセージ内容を検討する能力があるかどうかで，「中心的ルート」と「周辺的ルート」という2つの情報処理過程に分かれるとされています．

　受け手が，そのメッセージ内容に対して関与が高く，検討する能

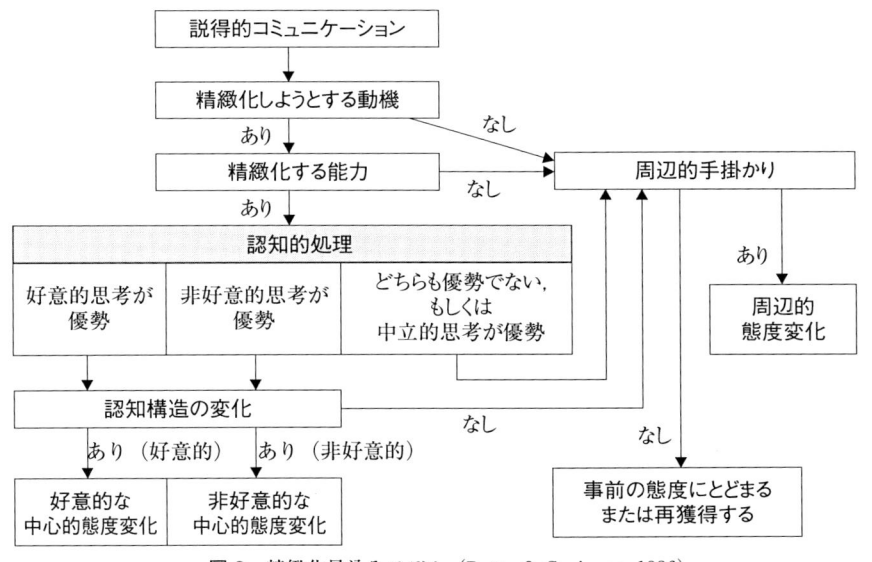

図3　精緻化見込みモデル（Petty & Cacioppo, 1986）

力がある場合，メッセージ内容を深く吟味し，固定的な説得効果（態度変容）を及ぼします．この情報処理の過程を「中心的ルート」といいます．反対に，メッセージ内容について関与が低い場合，または関与が高くても検討する能力がない場合，メッセージ内容そのものを吟味するよりも，周辺的な手がかり，たとえば，送り手が魅力的であるとか，CMソングが好きである，といったような手がかりをもとにした情報処理が行われます．この情報処理の過程を「周辺的ルート」といいます．周辺的ルートを経た態度変容の効果は一時的なものであり，中心的ルートを経た態度変容の方が持続性が高く，行動との関連性も高いとされています．

　具体例を示すと，パソコンを買おうと考えているMさんがパソコンのテレビCMを視聴したものの，広告している内容が専門的でほとんど理解できなかったとします．この場合，関与は高いですが，メッセージ内容を情報処理する能力がないため，たとえば「広告しているタレントが魅力的である」といったような周辺的手がかりによって，Aブランドのパソコンを購入しようと思ったとします．しかし実際に電気街に行くと，さまざまな種類のパソコンがあり，よく検討した結果，Bブランドのパソコンを購入しました．このようなMさんの行動はよくあることです．この場合，MさんはテレビCMを視聴したとき，パソコンという商品そのものについて考えてAブランドのパソコンを購入しようと意思決定したのではなく，周辺的ルートで態度を変えたため，その態度変容は一時的なものであり，変わりやすかったのです．

(3) 包括的なモデル

　実際の広告効果のプロセスは，AIDMAやDAGMARのような一方向的な流れではなく，もっと複雑に進行していくものと思われます．そのような包括的なモデルは，ハワードとシェス（1969）やエンゲル，ブラックウェルとミニアード(1994)らが提案しています．わが国でも佐々木（1994）が図4のようなモデルを描いています．

このモデルでは，広告に接触した後，「注目→情動」と「注目→理解→信念・評価」という二つのルートがあることを想定しています．前者は，主に「広告への態度」につながる「情緒的反応プロセス」であり，ペティとカシオッポ（1986）の「周辺的ルート」に対応します．一方，後者は，主に「ブランドへの態度」につながる「認知的反応プロセス」であり，ペティとカシオッポの「中心的ルート」に対応しています．

以上，広告効果のプロセスについてまとめましたが，その中でテレビCMにおいては，関与水準（コラムに示したように「関与」という概念は，研究者によって捉え方が異なりますが）により，広告

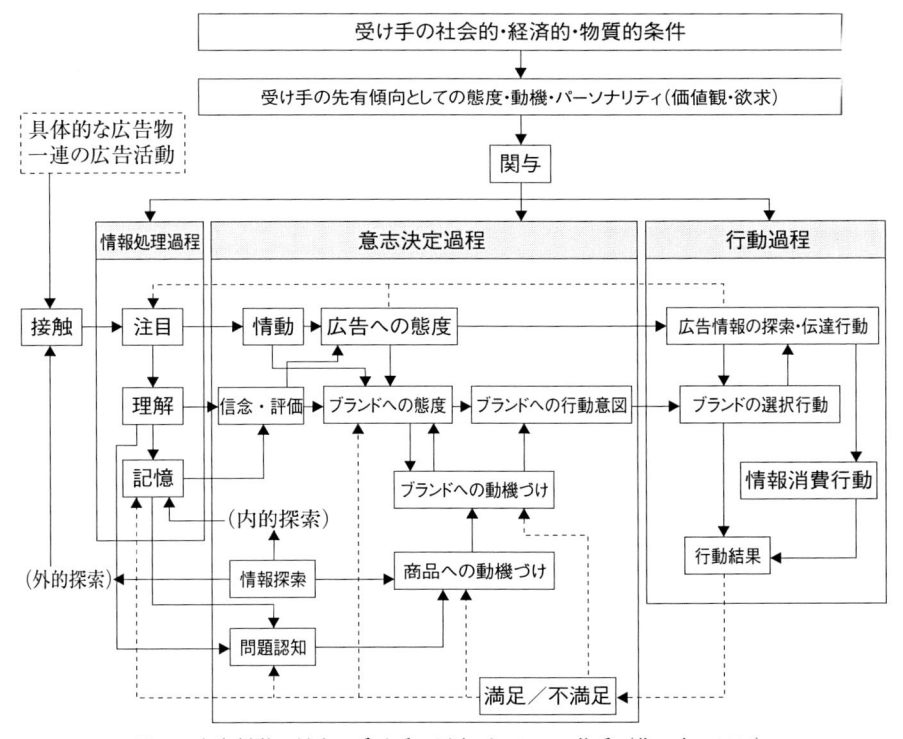

図4 広告刺激に対する受け手の反応プロセスの体系（佐々木，1994）

第6章 説得的コミュニケーション 169

効果のプロセスが異なることが指摘されています．そして，低関与の場合，広告の中で述べているブランドの特徴に関するメッセージとは別に，ＣＭソングが良いとか，タレントが良いといったような，広告の表現・制作的要素に対する視聴印象が，広告への態度，ブランドへの態度および購買意欲にとって重要であると考えられています．そして，それらのことを明らかにするために，テレビＣＭに対して，どのような視聴印象が生じるのかを，視聴実験を通して検討する研究も行われています．

コラム：Ｊカーブ効果

　広告への態度は，ブランドへの態度に影響を及ぼすといわれています．しかし，必ずしも広告に対して良い感情的反応のみが，ブランドへの好意的な態度に結びつくものではありません．ムーアとハッチンソン（1985）は，良い感情であれ，悪い感情であれ，強い感情的反応を呼び起こす広告の方が，広告露出直後から一定の時間を置いた後には，より良いブランドへの態度となって現れることを実験結果から見い出しました．これをＪカーブ効果と呼びます．

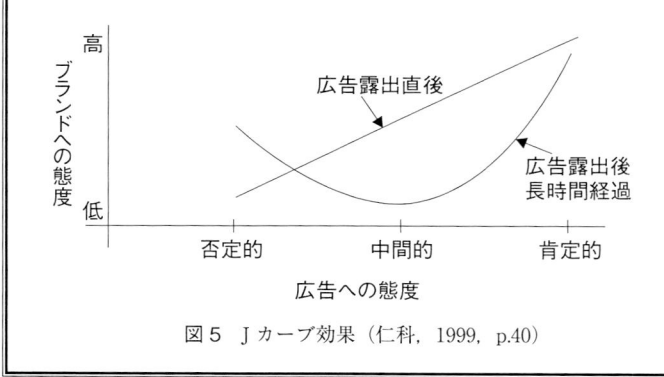

図5　Ｊカーブ効果（仁科，1999，p.40）

【注】
1) ラヴィッジとスタイナーのモデル

　AIDMA や DAGMAR などのモデルの背後にある階層性を，認知，情緒，意欲と順序づけたモデルがラヴィッジとスタイナー (1961) のモデルです．彼らは，広告を受信した後に購買行動に至るまでに，ブランド認知→知識→好意→選好→確信→購買の6段階を考えました．そしてそれらを，認知→情緒→意欲の3次元に対応させました．すなわち,認知，知識が「認知」次元に，好意，選好が「情緒」次元に，確信，購買が「意欲」次元に属していると考えています．

【参考文献】

[1] Brehm, J. W. *A theory of psychological reactance*. Academic Press, 1966.
[2] Colley, R. H. *Defininrg advertising goals for measured advertising results*. Association of National Advertisers, 1961.
[3] Chaiken, S. "Communicator physical attractiveness and persuasion." *Journal of Personality and Social Psychology*, 37, 1979, pp.1387-1397.
[4] Cialdini, R. B., Vincent, J. E., Lewis, S. K., Catalan, J., Wheeler, D. & Darby, B. L. "Reciprocal concessions procedure for indacing compliance : The door-in-the-face technique." *Journal of Personality and social psychology*, 31, 1975, pp. 206-215.
[5] Engel, J. F., Blackwell, R. D. & Miniard, P. W. *Consumer behavior* (8th ed.). Dryden Press, 1995.
[6] Festinger, L. *A theory of cognitive dissonance*. Row, Peterson & Co., 1957. 末永俊郎監訳『認知的不協和の理論』誠信書房，1965.
[7] Freedman, J. L. & Fraser, S. C. "Compliance without pressure : The foot in the door technique." *Journal of Personality and Social Psychgligy*, 4, 1966, pp. 195-202.
[8] Heider, F. *The psychology of interpersonal relations*. John Wiley & Sons, 1958. 大橋正夫訳『対人関係の心理学』誠信書房, 1978.
[9] Howard, J. A & Sheth, J. N. *The theory of buyer behavior*. John Wiley & Sons, 1969.
[10] Hovland, C. L. & Weiss, W. "The influence of source credibility on communication effectiveness." *Public Opinion Quarterly*, 15, 1951,

pp. 635-650.
［11］Krugman, H. E. "The impact of television advertising: Learning without involvement." *Public Opinion Quarterly*, 29, 1965, pp.349-356.
［12］Krugman, H. E. "The measurement of advertising involverent." *Public Opinion Quarterly*, 30（4), 1966/67, pp. 583-596.
［13］Krugman, H. E. "Why three exposures may be enough." *Journal of Advertising Research*, 12, 1972, pp.11-14.
［14］Lavidge, R. J. & Steiner, G. A."A model for predictive measurements of advertising effectiveness." *Journal of Marketing*, 25, 1961, pp.59-62
［15］McGuire, W. J. "Personality and susceptibility to social influence." Borgatta, E. F. & Lambert, W. W.（eds.), *Handbook of personality theory and research*. Chicago : Rand McNally. 1968, pp.1130-1187.
［16］Naples, M. J. *Effective frequency : The relationship between frequency and advertising effectiveness,* Association of National Advertisers ,1979.
［17］Petty, R. E. & Cacioppo, J. T. "The elaboration likelihood model of persuasion." *Advances in Experimental Social Psychology*, 19, 1986, pp.123-205.
［18］Ray, M. L. "Marketing communication and the hierarchy of effects." In Clarke, P.（eds.), *New Models for Mass Communication Research*, Sage Publications 1972, pp.146-175.
［19］Regan, J. W & Brehm, J. W. "Compliance in buying as a function of inducements that threaten freedom." In Bickman L. and Henchy T.（eds.）*Beyond the laboratory : Field research in social psychology*, 1972.
［20］榊博文「説得力の心理学」『DIAMONDハーバードビジネスレビュー』27（9),　2002, 60-73.
［21］佐々木土師二「広告心理学の歴史と展望」『日本社会心理学会第38回公開シンポジウム配布資料』青山学院大学, 1994.
［22］堀啓造「消費者行動における関与尺度の問題」『香川大学経済論叢』63, 1991, pp. 1-56.
［23］仁科貞文『新広告心理』電通, 1999.
［24］Zajonc, R. B. "Attitudinal effects of mere exposure." *Journal of Personality and Social Psychology*［Monograph］*9*, 1968, pp.1-27.

第7章 健康コミュニケーション

抱井尚子

1. 健康コミュニケーションとは何か

　健康コミュニケーション（health communication）は，コミュニケーションを対象とした研究分野の中では比較的歴史が浅く，1975年に米国の国際コミュニケーション学会の中に作られた「健康コミュニケーション」部門がその起源であるといわれています．健康コミュニケーションと関係の深い研究分野として健康心理学（health psychology）[1]が挙げられますが，こちらも米国心理学会において「健康心理学」部門が立ち上がった1978年が起源であるといわれています．つまり，健康の概念をコミュニケーションや心理現象という視点から捉えるこれらの研究分野は，20年から30年前に現れた新しい学問の潮流といえます．

　一般に現代医学は，病気を，身体という物理的な対象の変化と捉える生物医学モデル（biomedical model）を基本としています．一方，健康コミュニケーションや健康心理学は，生物心理社会モデル（biopsychosocial model）に基づいています．このモデルでは，健康も病気も，生物的，心理的，および社会的要因の相互作用によるものであると考えます．またこのモデルでは，生物医学モデルにおける心身二元論の前提をとらず，心と体が相互に影響し合うものであると考えます．この全人的モデルに基づく研究では，個人の持つ心理的・社会的特性が，疾病予防，治療プロセス，予後，健康増進などにどのような影響を及ぼすかを調査します．ここでは，個人が健康を主体的に維持するために必要な知識の構築と意欲の高揚をいかに促していくかが中心課題となります．

　生物心理社会モデルが1970年代に出現した背景には，さまざま

な要因があります．まず，医学的な要因として挙げられるのが，死亡原因となる疾病の変化です．かつて死亡原因といえば，インフルエンザ，結核，胃腸炎などの感染症が主でしたが，20世紀後半には，がん，心臓病，脳卒中などの，いわゆる生活習慣病が主になってきました．喫煙，飲酒，過食，運動不足といった生活習慣が原因の疾病であれば，罹患後（病気にかかった後）に高い医療費を投じて個人や国家の財政を圧迫するより，日常のライフスタイルを改善するという安価な方法で，ある程度予防することができます．このような経済的な動機も，生物心理社会モデルの受容を促進した要因の一つとされています．また，1946年に世界保健機関（World Health Organization: WHO）により発表された，健康に関する新しい定義（「健康とは，ただ単に病気や虚弱でないだけでなく，身体的，精神的，そして社会的に完全に良好な状態であること」）[2]の考え方も，生物心理社会モデルの普及を後押しするものでした．

　さらに，60年代から70年代の米国の社会的状況が，健康コミュニケーションに対して，独立した研究領域としての地位を与える原動力となったと考えられます．当時の米国では，公民権運動，フェミニズム運動，消費者運動など，社会における差別を撤廃する一連の運動により，社会全体が大きな変動を経験していました．これに伴い，医療の現場においても，消費者としての患者の「知る権利」や，治療に関する「自己決定権」を求める運動が起こり，インフォームド・コンセント[3]の重要性が高まっていきました．また，医療事故訴訟も増加の傾向をたどり始めました．このような時代背景が，医療従事者と患者のコミュニケーションに対する意識を高めるきっかけになったと考えることができます．

　我が国においても，最近の医療事故や患者の権利をめぐる社会的関心の高さを反映し，特に医療従事者と患者との関係に焦点をあてた形で，健康コミュニケーションの考え方が認知されるようになってきました．これに伴い，医療従事者と患者，医療従事者同士，患者と家族，医療従事者と患者の家族とのコミュニケーションをはじ

め，心理療法，カウンセリング，スポーツ，言語療法など，健康科学に関係する幅広い分野での研究活動が増えています．また，医学教育やコミュニケーション学の専門家により，医療コミュニケーション研究会が組織され，医療コミュニケーションの研究・啓蒙活動も活発に行われています．

　近年医療の分野においては，科学的な根拠に基づいた治療を推し進める，エビデンス・ベイスト・メディスン（Evidence Based Medicine：EBM）という考え方があります．その一方で，EBMを補完する概念として，ナラティブ・ベイスト・メディスン（Narrative Based Medicine：NBM）という考え方もイギリスで誕生しています．そもそも病気という概念は，病理学的実態としての「疾病 disease」と，患者の主体的な経験である「病い illness」に分類されます（Kleinman, Eisenberg & Good, 1978）．EBMが，科学的根拠に基づく疾病治療のアプローチであるとすれば，NBMは，患者の主体的な「病いの体験 illness experience」を，患者の「物語（ナラティブ）」を通して理解しようとするアプローチです．また，対話を重視するNBMにおいては，医療従事者と患者のコミュニケーション自体も治療活動の一部であると考えます．このような考え方に基づくNBMは，これまでの医療における生物医学モデルへの偏重を是正し，医療の本質である「医のアート」を復興させるものであるともいわれています（斎藤・岸本，2003）．NBMという，言わば古くて新しい概念の広がりにより，今後，健康コミュニケーション研究が果たす役割は益々大きくなるものと思われます．

　また近年は，日本の医学教育においても，コミュニケーションの授業が導入され，模擬患者（simulated or standardized patient：SP）を使った医療面接実習もさかんに行われるようになりました．専門知識のみでなく，技能・態度を含めた医師の質の向上を目的とする新しい医学教育の潮流は，医療現場における対人コミュニケーションの果たす役割を，これまで以上に重視したものであるといえます．今やコミュニケーション学の知識は，医療従事者には欠くこ

とのできないものであるといえるでしょう.

そのような中,我が国においては,健康コミュニケーションの概念や用語が,必ずしも広く一般に定着しているとはいえません.たとえば Health Communication という英語名称の訳語についても,本稿のように健康コミュニケーションと訳している場合もあれば,ヘルス・コミュニケーションというカタカナ名称が採用されている場合もあります.さらに,医療コミュニケーションという名称が用いられることもありますが,この名称が指し示す研究分野は,医師や看護師などの医療従事者と患者の間の対人コミュニケーションを研究対象とする(久米, 1997)もので,原語の Health Communication の範囲はこれよりも広い概念として捉えられるべきです.実際,Health Communication という言葉をタイトルに掲げる米国の専門雑誌("Health Communication","Journal of Health Communication" など)に目を通すと,研究対象が医療従事者と患者との間のコミュニケーションのみに限定されているわけでありません.そこでは,喫煙の弊害,HIV／AIDS 予防教育プログラム,大学生の飲酒行動におけるメディアの影響など,広範なトピックが扱われ,身体的・精神的健康全般に関わる諸問題とその社会的影響について,従来の分野を横断する形で研究が行われていることが分かります.

このように,学際的な性質を持つ健康コミュニケーションの分野においては,研究者の専門領域が,コミュニケーション学,医学,看護学,公衆衛生学,心理学,社会学,医療人類学,社会福祉学,教育学など多岐にわたります.そしてまた,この学際的な性質が,健康コミュニケーション＝Health Communication という学問の定義付けを困難にしているともいえるでしょう.

それでは,健康コミュニケーションとは一体何を目的とする研究分野なのでしょうか.またこの問いについて,これまでどのような見解が出されてきたのでしょうか.以下に,健康コミュニケーションの定義として主な考え方を取り上げ,その内容を考察していきます.

2. 健康コミュニケーションの定義

　クレップスとソーントン（Kreps & Thornton, 1992）は，健康コミュニケーションを，「健康管理（health care）の過程において起こる，人と人との相互作用に関する研究」とし，「健康情報（health information）を求め，処理し，分かち合う方法」（p.2）であると定義しています．さらに彼らは，医師，看護師，ソーシャル・ワーカー，医療技術者などのヘルスケア・プロバイダー（health care provider）が，クライアント（client）としての患者に医療サービスを提供する際に，健康コミュニケーションは最も重要な道具となる，と付け加えています．つまり彼らによれば，健康コミュニケーションとは，サービス提供の媒体となるだけでなく，クライアントから重要な情報を集めたり，クライアントに対して治療計画を説明したり，ヘルスケア・チームの他のメンバーとの協力体制を整える上で，重要な役割を果たすものであるということになります．

　ここで着目すべきことは，クレップスとソーントンが，「患者（patient）」という名称の代わりに，あえて「クライアント（client）」という言葉を使用していることです．「患者（patient）」という言葉は，医療サービスを提供する側に対し，依存的で従属的であるというイメージがあります．したがって彼らは，サービスを購入する消費者（consumer）という立場を強調した，「クライアント（client）」という呼称の方が適切であると主張します．なぜなら，プロバイダーとクライアントという言葉が表す関係性は，これまでの医療従事者と患者の間に見られたような，不均衡な力関係に基づくものではなく，両者の対等な関係に基づくものだからです．この関係においてクライアントは，自身が受ける医療サービスに，医療従事者と責任を分かち合う形で，積極的に参加していきます．

　クレップスとソーントンはまた，ヒューマン・コミュニケーションを三角形の階層（図1）として表しています．ここでは，個人内，個人間，小集団，そして組織コミュニケーションという4つのレベ

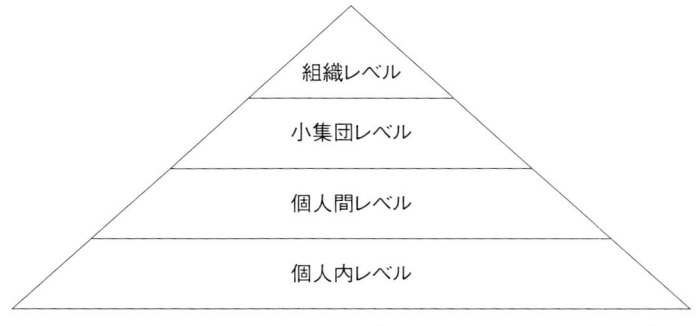

```
        組織レベル
      小集団レベル
      個人間レベル
      個人内レベル
```

図1　コミュニケーションのレベル（Kreps & Thornton, 1992, p.17）

ルが存在します．個人内コミュニケーションは，コミュニケーションの前提となる個人の認知活動として存在します．個人間コミュニケーションは，メッセージの送り手と受け手として，記号化・解読化を行う対人コミュニケーション活動です．小集団コミュニケーションは，複数の対人コミュニケーションが複合したものとして存在し，専門家によるケース・カンファレンスなどがその例として挙げられます．最上部に位置する組織コミュニケーションは，その下位レベルに位置する，他の全てのコミュニケーションを含みます．これは，組織成員間の職務内容に関する情報の伝達など，医療機関が，組織としての目標を達成するために行うコミュニケーションのことです．

　コミュニケーションの4つの基礎的レベルとは別格なものとして，クレップスとソーントンはパブリック・コミュニケーションとマス・コミュニケーションを位置づけています．これら2つのコミュニケーションの共通点は，少数の送り手から大勢の聞き手に対してメッセージが送られることであり，一方相違点は，前者には対面性と双方向性があるのに対し，後者には対面性がなく双方向性も限られているところにあります（久米，1997）．

　ピーター・ノートハウスとローレル・ノートハウス（Northouse & Northouse, 1998）は，健康コミュニケーションを，記号や言語

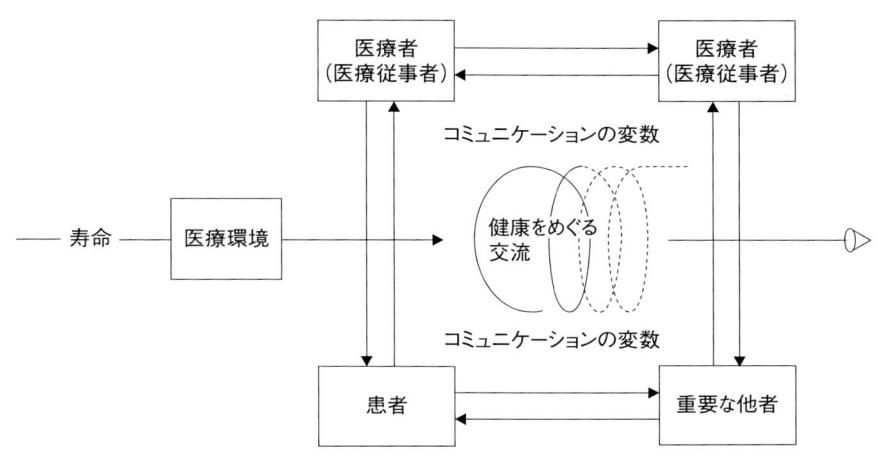

図2　HCM：ヘルス・コミュニケーション・モデル
（Northouse & Northouse, 1998, p.18）

などのシンボルを伴う対人間の相互作用であるヒューマン・コミュニケーションの下位分類として捉えています．そしてその内容を，健康や健康に影響を及ぼす要因について特化したコミュニケーションであるとしています．また，健康コミュニケーションは，個々人の健康増進の目的のために，コミュニケーションの理論や概念を適用する研究分野であるとも述べています．ノートハウスらは，「ヘルス・コミュニケーション・モデル（Health Communication Model: HCM）」（図2）を提唱し，ヘルス・コミュニケーションが研究するべき対象は，コミュニケーションに関わる当事者間の人間関係と，コミュニケーションが行われる環境であるとしています．HCMは，健康コミュニケーションを，主として医療現場における人間関係の中で展開するコミュニケーションであると捉え，人間関係，対人交流，および環境をモデルに含まれる要素としています．

　第一の要素である人間関係には，主として医療従事者同士，医療従事者と患者，医療従事者と患者にとっての重要他者（家族など），患者と患者にとっての重要他者，という4つのパターンがあります．このモデルにおける「医療従事者」は，医師・看護師をはじめ，ソー

シャル・ワーカー，各種療法士，カウンセラー，健康教育の専門家など，医療サービスを提供するために必要な教育や訓練を受けた広範な人びとを含んでいます．「患者」は，医療サービスの受け手であり，患者にとって重要な他者とは，家族，友人，職場の同僚などの，患者に対しソーシャル・サポート[4]を提供する立場にある身近な人びとを指します．HCMの第二の要素である対人交流は，健康に関する関係者間の言語的および非言語的な交渉を指します．ここでは，交渉における人間関係が，コミュニケーションの内容の解釈に影響を与え，さらにコミュニケーションの内容は，当事者間の交渉を通して随時，調整・修正されていくものであると考えます．HCMの第三の要素である環境は，コミュニケーションが行われる状況を指します．同じ人間が，状況によって異なるコミュニケーション行動をとることは，しばしば観察されることです．健康コミュニケーションの場合も，コミュニケーションが行われる場所が，患者の病室なのか，診察室なのか，待合室なのか，プライバシーが保てるような個室なのかによって，また，コミュニケーションに何人の当事者が関わるかによって，違いが生じます．この環境の違いが，その後の交渉の流れにも影響を与えるのです．このように，HCMは，健康に関する交渉を，ミクロの視点（コミュニケーションを行う個人の特性）とマクロの視点（コミュニケーションを行う当事者間の人間関係や，コミュニケーションが行われる環境）の相互作用から捉えようとします．

　ストリート（Street, 2003）もまた，コミュニケーションの生態的モデル（ecological model）を提唱し，コミュニケーション行動が，環境因子によって大きく影響を受けることを説明しています（図3）．このモデルによれば，コミュニケーション行動が展開する環境には，5つのコンテクスト（文脈），つまり，対人的コンテクスト，組織的コンテクスト，メディア的コンテクスト，政治的法的コンテクスト，文化的コンテクストがあるとされます．医療従事者と患者の相互作用は，コミュニケーション・スタイル，自己概念，言語能力な

```
                    組織的コンテクスト
                    医療機関の規模や,診療サービスの
                    種類,ロケーション,患者層,診療レベル,
                    診療報酬制度をはじめとする医療
                    保険制度など

              医療従事者           患者
           ┌──────────┐  ┌──────────┐
           │個人の特性による影響( │  │個人の特性による影響( │
           │コミュニケーションスタイル,│  │コミュニケーションスタイル,│
           │自己概念〈態度,信念,パー│  │自己概念〈態度,信念,パー│
           │ソナリティ〉,言語能力な│  │ソナリティ〉,言語能力な│
           │ど)           │  │ど)           │
           └──────────┘  └──────────┘
                ↓              ↓
           ┌──────────┐  ┌──────────┐
メディア的   │言語・非言語行動 │←→│言語・非言語行動 │    政治的法的
コンテクスト  └──────────┘  └──────────┘    コンテクスト
                ↑              ↑
インターネット,マスメ  ┌──────────┐  ┌──────────┐    医療事故裁判
ディアなど   │認知・感情による影響(コ│  │認知・感情による影響(コ│    患者の権利章
           │ミュニケーションの目的,相│  │ミュニケーションの目的,相│    典など
           │手や相手との関係に対す│  │手や相手との関係に対す│
           │る認識,コミュニケーショ│  │る認識,コミュニケーショ│
           │ンの戦略,感情状態)   │  │ンの戦略,感情状態   │
           └──────────┘  └──────────┘

                    文化的コンテクスト
                    人種・民族
                    社会経済的階級
                    宗教など
```

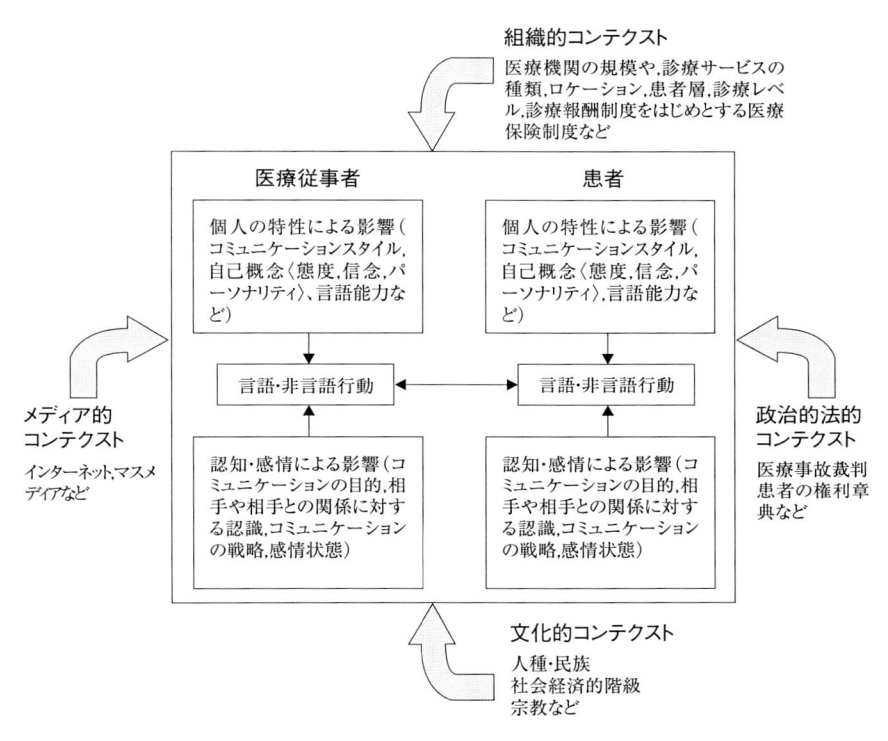

図3　生態的コミュニケーション・モデル（Street, 2003, p.65）

どの個人の特性や，コミュニケーションの目的，相手に対する認識・期待，その時の気分など，さまざまな認知や感情の影響を受けます（対人的コンテクスト）．医療従事者と患者の対人コミュニケーションは，医療機関の規模や，診療サービスの種類，ロケーション，患者層，診療レベル，医療保険制度などの，組織的な影響を常に受けています（組織的コンテクスト）．また同時に，マス・メディアにより発信されるさまざまな医療・健康情報のあり方や（メディア的コンテクスト），コミュニケーションの不足や欠如に端を発する医療事故訴訟などの問題や医療サービスに関わる各種法制度のあり方（政治的法的コンテクスト）も，医療従事者と患者の対人コミュニケーションをさらに複雑なものにしています．最後の要因として，

患者と医療従事者の人種的・民族的背景の違いによる文化的影響が挙げられます（文化的コンテクスト）．これは生物学上の違いによるものではなく，人種・民族の違いに関連する，価値観・信条・行動規範・シンボルなどの社会・心理的な要因によるコミュニケーションへの影響を意味します．人種や民族的背景の違う患者と医療従事者間のコミュニケーションは，両者における信頼関係の構築，言語・非言語のシンボルの理解，コミュニケーション・スタイルの理解，健康と疾病に対する態度の理解を困難にする可能性があります．このようにストリートが提唱する生態的モデルは，コミュニケーションが常に文脈に依存した現象であることと，個人の特性という内的要因と，個人を取り巻く環境という外的要因との相互作用によってさまざまに変化するものであるという点に言及し，コミュニケーションの相互交流的・動的特徴を強調しています．

次に，健康コミュニケーションの研究領域に目を転じてみましょう．アトキンとマーシャル（Atkin & Marshall, 1996）は，主として次の3つを健康コミュニケーションの研究領域として挙げています．

(1) マスメディアを通した健康関連情報の普及に関する研究
(2) 医師と患者のコミュニケーションに代表されるような，対人レベルでの健康コミュニケーションに関する研究
(3) ソーシャル・サポートが健康と病気に及ぼす効果に関する研究

アトキンらによれば，これらの研究を通して健康コミュニケーションが達成しようとする究極の目的は，効果的なコミュニケーション戦略を駆使し，社会全体の健康を増進することです．

ラツザンら（Ratzan, Payne & Bishop, 1996）は，健康コミュニケーションの研究において最も重視されるべきレベルは，対人コミュニケーションとマス・コミュニケーションであると主張しています．

前者は，医療従事者と患者の関係における対人コミュニケーション研究として重要であり，後者は，マスメディアによる健康増進や疾病予防などのヘルスプロモーションの実現を追求するものとして，その研究の意義が認識されています．

このように健康コミュニケーションの定義と研究の目的にはさまざまな見解があります．しかしながら，基本的なスタンスには類似点が多いといえます．これまで紹介してきた研究者たちの見解をまとめると，健康コミュニケーションには，主に次のような特徴があると考えられます．

(1) コミュニケーションという手段を用いて，個々人の健康を増進し，ひいては社会全体の健康を増進することを目的とする研究である．
(2) ことばや行為というシンボルを駆使して，健康に関する話題について他者（メディアの向こうにいる他者を含む）と行う相互交流に関する研究である．
(3) 研究の対象となるコミュニケーションのレベル（コンテクスト）は複数存在するが，中でも，対人レベルと，パブリック／マス・コミュニケーションのレベルがこれまでの研究の中心となっている．

そこで以下では，これらのポイントを踏まえたうえで，健康コミュニケーションの基礎的な概念を，対人コミュニケーションと，パブリック／マス・コミュニケーションという2つの大きな枠組みから捉えて考察していきます．

3. 対人レベルの健康コミュニケーション

健康コミュニケーションにおける対人コミュニケーションは，話者の役割の組み合わせによってさまざまなパターンに分けることが

できます．たとえば，医療従事者と患者，医療従事者同士，患者とその家族や友人などの重要な他者，あるいは医療従事者と患者の重要な他者，といったパターンが考えられます．ここでは特に，医療従事者と患者の対人コミュニケーションに焦点をあてて，コミュニケーションの問題とその原因や解決策を考察していきます．

　対人コミュニケーションとは，通常2人の人間が，言語・非言語のシンボルを介して行う相互作用です．そこでは，話し手によって送られたメッセージが，聞き手によって解釈され，意味づけられます．「意味」とは，一般的にはことばや物の内部に客観的に存在するものではなく，個人が主観的に構築するものです．これは人間が外界からの刺激を選択的に取り入れていることに起因します．人間の認知能力には限界があり，外界からの刺激を全て知覚することはできません．このため人間は，受け取ったメッセージの中から，最も重要であると思われる要素を選択し，そこから状況を把握しようとします．どのメッセージの要素がもっとも重要かを決定する過程は，個人のこれまでの経験に大きく影響されます．この選択的知覚（selective perception）[5]に基づく個々人の主観的現実が存在するからこそ，同じ刺激を受けても，人によってさまざまな解釈が生じることになります．これが，時として対人コミュニケーションにおける大きな誤解を生み出す原因となるのです．このような選択的知覚によるコミュニケーションの誤解を最小限に抑えるためには，効果的なメッセージを送る必要があります．効果的なメッセージとは，メッセージの意味に対して，送り手と受け手が共通の理解を持つことができるようなものを指します（Kreps & Thornton, 1992）．

　メッセージが効果的でないために生じると思われる，医療従事者と患者のコミュニケーションの行き違いは，両者の関係にどのような影響を及ぼすのでしょうか．以下に，筆者が米国ハワイ州で関わった，がん患者の補完代替療法[6][7]使用に関する研究（Shumay, Maskarinec, Kakai & Gotay, 2001など）の協力者となった方々の声を紹介します．

とにかくいじめの被害者にだけはなりたくなかったのです．でも，実際にはいじめられて，人間としての尊厳も奪われてしまったように感じていました．どんなに彼らが私のやっていることが気にいらなくても，これは私の体なのですから，自分が決めたことに対する結果に責任を持つのは私自身なのですから……．

　これは，乳がん患者である，白人中年女性のことばです．背景を手短に説明しましょう．この女性は，治療法の選択をめぐって主治医と意見が合わず，セカンドオピニオン[8]を求めて，その後複数の医師のところを転々とするのですが，結局彼女の選択に同意してくれる医師はおらず，最終的には，自分で補完代替療法を使ったセルフケア[9]を始めるに至ったのでした．上記の彼女のことばからは，自分の治療選択を理解してくれない医療従事者に対する不満や怒りが強く伝わってきます．
　次の例もまた，別の乳がん患者の白人中年女性の声です．彼女もまた，治療法の選択において医療従事者と意見の不一致があり，結果的には病院には戻らず，東洋医学を専門とする指圧師のもとで，補完代替療法を積極的に治療に生かすこととなりました．病院側は，西洋医学による治療を受けない患者のがんの進行を心配して，説得の電話を何度も試みたようです．

　　病院から相当なストレスを受けて，精神的にもまいっていたので，留守番電話も切ってしまったのです．電話が鳴るたびに，「あなたは自分がしていることがわからないのですよ．気をつけないと，あなたは自分で自分を殺してしまうことになりかねませんよ」の一言を言われるのではないかと，とても不安でした．

　上記の語りから，この患者にとっては，病院側の説得が自分を不安な気持ちに追い込むものでしかなかったことがうかがえます．

これら2つのケースにおいて，医療従事者は，患者に適切な治療を受けてもらおうと，根気強く説得を続けていたのですが，それがかえって彼女たちを自分たちから遠ざける結果を招いてしまっています．患者は，自分たちが医療従事者に「いじめられている」とか「ストレスを受けている」といった被害者意識を持つところまで追い込まれてしまっていたのです．これらのケースは，医療従事者と患者のコミュニケーションにおける失敗例として，代表的なものであるといえるでしょう．そこで，以下では，医療従事者と患者のコミュニケーションにおける障害とその弊害についてさらに詳しく考察していきます．

4．医療従事者と患者の関係形成における障害とその弊害

　本来，医療従事者と患者の関係形成の主要な道具となるはずのコミュニケーションが，逆に，両者の関係形成における障害となるようなケースがあります．前述の2人の乳がん患者の例が，これに当たるでしょう．それでは，どのようなコミュニケーションが両者の関係形成にマイナスの効果を与えるのでしょうか．

　ノートハウスら（Northouse & Northouse, 1998）は，医療従事者と患者，または医療従事者同士のコミュニケーション行動には，相手との関係のなかで信頼を増す協調的コミュニケーション行動（supportive climates）と，逆に不信を増す防御的コミュニケーション行動（defensive climates）の2つがあると指摘します．協調的コミュニケーションについては，次のセクションで詳しく説明することとして，ここでは，防御的コミュニケーション行動について説明します．防御的コミュニケーションは，評価（evaluation），支配（control），策略（strategy），中立（neutrality），優越（superiority），確信（certainty）といった6つの特徴をもちます．まず評価とは，相手に対する道徳的判断や価値判断または指図が伝達するメッセージに含まれるものです．「そのようなことをしてはだめだ」とか，「〜しなければだめじゃないか」などがその例です．支配的なコミュニ

ケーションとは，患者の態度・行動変容を一方的に押し付けるもので，患者が不信感を増す原因となります．策略的コミュニケーションは，医療従事者が何らかの意図を感じさせるようなかたちで行うコミュニケーションのことで，これも患者の不信感を生む原因となります．さらに，医療従事者の中立的コミュニケーションは，一見冷静さを保った好ましいコミュニケーションと捉えられがちですが，時として患者に自分のことを親身に考えてくれない冷たい人であるという印象を与えかねません．また，医療従事者が患者に対して優越感をもちながら行うコミュニケーションは，患者の反発を買うだけでなく，問題解決に向けての患者の協力を得にくくする原因にもなりかねません．さらに，医療従事者が確信的コミュニケーションを行う場合，断定的なメッセージを送ることにより，医療従事者側のやり方を患者に押し付けているような，患者軽視の印象を与えかねません．これらの特徴を持つ防御的コミュニケーション行動は，時として，医療従事者重視・患者軽視の傾向を生み出す傾向があります．

　フォルクナーとマグワイア（Faulkner & Maguire, 2001）は，医療従事者側の「疎外」によって患者との関係に悪影響を及ぼす可能性があることを指摘しています．たとえば，当たり障りのない話題を持ち出すことで患者と向き合うことを避ける行為や，恐怖や不安を抱える患者に対して不適切な励ましや気休めの安心を与えようとする行為は，逆に患者に対して不安や恐怖心を残す結果になる可能性があります．また，患者を傷つけるような情報を隠し，見せかけの安心を患者に与えようとすることや，患者が不安を漏らした際に，すかさず関係のないトピックに話題変更することも，患者に孤独な戦いを強いる結果に陥ってしまう場合もあります．このようなコミュニケーションの仕方は，医療従事者を，共に問題解決のために努力してくれるはずのパートナーと考える患者の期待を裏切り，両者の関係形成にマイナスの結果を及ぼす可能性があります．

　ノートハウスらやフォルクナーとマグワイアが取り上げている上

記のコミュニケーション行動は，その改善を医療従事者に負うところが多いといえます．一方，クレップスとソーントン（Kreps & Thornton, 1992）は，ヘルスケア・システム全体が抱える5つの大きな問題を，医療従事者と患者の双方が改善の責務を同等に負うものとして議論しています．それらは，(1)患者のコンプライアンス[10]，(2)患者と医療従事者間のミス・コミュニケーション，(3)医療従事者に対する患者の非現実的な期待感，(4)医療従事者側の感受性の欠落，そして(5)ヘルスケア・サービスに対する患者の不満です．

　コンプライアンスの研究は，患者が，予約した通りに診察を受けない，食事療法や食事制限に従わない，処方された薬の服用を怠る，などの問題を対象として行われてきました．これまでの研究が明らかにしたことは，医療従事者と患者の関係が信頼に基づくものであれば，患者のコンプライアンスが促進されるということです．医療現場におけるミス・コミュニケーションは，医療従事者による専門用語の過度の使用がしばしば原因になっています．ミス・コミュニケーションが原因で患者が死に至ることもあり得る医療現場では，医療従事者と患者が，互いにフィードバックを求め合いながら，明解なコミュニケーションを行う必要があります．文化的ステレオタイプに基づく，相手の態度，傾向，能力などに対する非現実的な期待感も，医療従事者と患者の関係形成にとって障害となります．たとえば，テレビドラマの中の医師のイメージを鵜呑みにし，医師に対して非現実的な期待感を持つ患者や，患者の年齢や社会的属性に基づくステレオタイプから，患者の病気や治療に関する理解力を過小評価する医師などがよい例です．また，ストレスの多い職場で働く医療従事者は，患者の気持ちやニーズに対し感受性が欠落することもあります．一方，患者も，自身の抱える問題で手一杯で，医療従事者の気持ちやニーズに鈍感になりがちです．双方が互いに対して鈍感であれば，医療従事者と患者のより良い関係は発展しません．

　上記のような医療現場におけるコミュニケーションの問題が，結

果的には医療従事者と患者の双方に不満を抱かせる原因となります．その不満は，両者の信頼関係形成の妨げとなり，医療事故訴訟の増加にもつながりかねません．

それでは，具体的にどのようなコミュニケーションを行う必要があるのでしょうか．次のセクションでは，医療従事者と患者のより良い関係形成を促すコミュニケーションのあり方を探っていきます．

5. 良好な関係形成を促進するコミュニケーションのあり方

ノートハウスら（Northouse & Northouse, 1998）は，前述した防御的コミュニケーションと対照的なコミュニケーションとして，相手との関係のなかで信頼を増す協調的コミュニケーション行動を挙げています．協調的コミュニケーションは，説明（description），問題志向（problem orientation），自発性（spontaneity），共感（empathy），対等（equality），暫定主義（provisionalism）といった6つの特徴をもちます．協調的コミュニケーションにおける説明には，医療従事者から患者に伝えられるメッセージの中に価値判断または指図が含まれません．このコミュニケーション行動は，共に問題を解決していこうとするような問題志向的な特徴があるので，患者の抵抗感は減り，医療従事者に対する信頼も増します．また，医療従事者は，偽りのない率直な態度で自発性のあるコミュニケーションを行うことで，患者の警戒心を解くことができます．医療従事者が患者の立場に立って行う共感的コミュニケーションも，協調的コミュニケーションの特色であり，患者は自分が個性ある一人の人間として尊重されているのだと感じることができます．このコミュニケーション行動は，患者と医療従事者の対等な関係を前提とするもので，双方が信頼や尊敬に基づいて協力関係を築くことに貢献します．さらに，「自分としてはこう思うが，あなたはどう思うか」というような暫定的なコミュニケーションをすることで，協力して問題を解決していきたいという医療従事者の意図を感じさせ，患者

との信頼関係も増すことになります．このように，協調的コミュニケーション行動は，医療従事者と患者による協力的問題解決を促します．

　医療従事者と患者の間の対人コミュニケーションは，しばしば治療コミュニーケーション（therapeutic communication）として位置づけられます．治療コミュニケーションという用語は，一般的に心理療法におけるコミュニケーションを指す専門用語ですが，医療現場におけるコミュニケーションにも適用される言葉です．クレプスとソーントン（Kreps & Thornton, 1992）によると，治療コミュニケーションとは，啓発や方向転換を促すような有益なフィードバックを伴う対人コミュニケーションであり，特別なトレーニングを受けた医療従事者のみによって行われるものとは限りません．親しい友人や家族との間のコミュニケーションにおいても，治療的要素が含まれることがあります．

　クレプスとソーントンは，治療コミュニケーションの特徴として，共感，信頼，誠実さ，確証，そして思いやりの，5つの鍵概念を挙げています．以下にこれらの概念について説明します．

　1．共感（empathy）とは，他者がある状況において経験している感情を親身になって理解し，その理解を相手に返す能力を指します．治療コミュニケーションにおける共感は，言語的にも非言語的にも表現されます．言語的には，辛い経験を語る患者に対し，「それはさぞ辛かったでしょうね」などの言葉をかけ，相手の気持ちを理解したことを伝えます．非言語的には，相手の語りを親身になって聴く中で，うなずき，あいづちやアイコンタクト，相手の感情に呼応するような感情表出によって共感を示すことができます．

　2．信頼（trust）は，相手が自分に対して責任ある行動をとってくれるであろうと考えられる時に成り立つものです．治療コミュニケーションにおいて信頼が重要な鍵を握るのは，コミュニケーションに関わる当事者の自己開示に影響を及ぼすからです．自分自身に関する情報を他者にさらけ出すことは，自分自身を弱い立場に追い

込む可能性があります．そのため，相手を信頼することができない限り，自己開示を行うことは難しいといえます．健康・疾病に関する話題は，個人のプライバシーに関わるデリケートな側面があり，話しにくいことも多いでしょう．その意味でも，医療従事者と患者との間の信頼関係は，治療コミュニケーションを成功させるために欠くことのできない基本的な前提となります．

　3．誠実さ（honesty）とは，正直に，率直に，そして偽りのないコミュニケーションを行う能力です．個々人が自分にとっての現実を構築しているという考え方のもとでは，話し手のメッセージが，その人自身の経験に対する認識を，正直に語ったものかどうかが重要になり，その認識が客観的に正しいかどうかということは問題にはなりません．

　4．確認（validation / confirmation）とは，自分が言わんとすることを，他者が受容し，さらに尊重してくれていると感じた時に起きるものです．他者の主張を確認するということは，必ずしもその人の意見に同意するということではありません．他者が自身の意見を表明する権利を尊重し，その意見に対し真剣に耳を傾けることが，確認するという行為です．確認行為には，他者の意見に対し，自分は賛成なのか，反対なのか，または中立的なのかなどのフィードバックを与えることや，自分の感情を表明したり，不明瞭な部分を明確にするよう求めたりなどの言語的行為と，うなずきやあいづちのような非言語的行為の両方が含まれます．

　5．思いやり（caring）は，コミュニケーションを行う双方が，相手に対して行う感情移入のことです．思いやりのあるコミュニケーションとは，相手のウェル・ビーイングに対する関心や配慮を，言葉だけでなく，アイコンタクト，うなずき，感情表出，周辺言語，接触などの非言語キューも交えて表すことです．これは，心理療法においてクライアント中心療法を提唱したカール・ロジャーズ（Rogers, 1957）の「無条件の肯定的関心（unconditional positive regard）」にあたるものです．ここで言語的・非言語的に伝えられ

る患者へのメッセージは,「指図」ではなく全面的な支援の表明になります.

以上のように,クレップスとソーントンにより提唱された治療コミュニケーションの5つの特徴は,効果的な医療現場のコミュニケーションを実現するために欠かせないものであるといえます.これらの5つは,相互に重複するところも多いため,同様の言語的・非言語的メッセージを使って表現することができます.クレップスとソーントンは,上記の5つに加え,ストレスを軽減する効果を持つユーモア(humor)の重要性や,治療コミュニケーションの5つの特徴全ての基本前提となる,傾聴(active listening)の重要性もうたっています.

ここまでは,医療従事者と患者の関係形成を促進するコミュニケーションの特徴について述べてきました.それでは,医療従事者は具体的にどのような技法を使うことによって,患者との間で効果的な治療コミュニケーションを行うことができるのでしょうか.次のセクションでは,実際のインタビュー技法について触れてみます.

6. 患者の自己開示を促すコミュニケーションの技法

フォルクナーとマグワイア(Faulkner & Maguire, 2001)は,患者の自己開示を促進させる医療従事者のインタビュー技法を次のように説明しています.

まず,患者の自己開示を促すインタビュー技法では,「何(what),なぜ(why),どのように(how)」といった疑問詞から始まる,患者の自由な回答を収集するための「開かれた－指向的質問(open-directive questions)」の使用を重視します.「はい」または「いいえ」の回答や,複数の選択肢から該当する項目を選ぶなど,患者の回答枠を強制してしまうような閉ざされた質問や,患者を誘導するような質問は,患者の自己開示を抑制してしまいます.

患者の症状がいつ生じたかなどの重要な情報は,できるだけ正確に集めるといった,緻密さ(precision)を追求する努力も大切です.

患者が関連する一連の情報を一度に話すことができるよう,「それで,その後どうなりましたか」などの促し（prompting）をすることで,医療従事者が話題の流れをコントロール（control）することも,情報を効率的に収集するために必要な技法です.ある程度患者から情報を収集した時点では,これまでの話の流れを整理しまとめる,要約（summarizing）が有益であるといえます.これは,誤解の訂正をする機会を与えるだけでなく,患者自身が自分の話が医療従事者によって聞き入れられ理解されたことを確認するきっかけとなります.患者が与える情報に曖昧な点があれば,積極的に解明（clarification）のための質問を行うべきです.たとえば,心配事の性質,強さ,発生頻度,期間などの,具体的な質問をすることで,漠然とした患者の問題点がより明らかになります.また,患者が一度に複数の問題に触れるような場合は,それぞれの手がかりに注意を払い反応すること（cue-responding）が,患者が抱える問題の新たな事実の解明につながります.また,全ての問題点を患者から聞き出したと思っていても,開示されていない問題も多く残っている場合があります.そこで,未開示の情報を収集するための拾い上げの質問（screening questions）が必要になります.医療従事者は,これまでの患者の話の流れを要約した後に,「他に何かあればおっしゃってください」などの一言をつけ加えて,未開示の問題の有無を確認することができます.

　医療従事者が,患者の身体的症状ばかりを尋ねることは,一般的に両者の関係形成にとってはプラスにはならないといわれています.むしろ,患者の精神面を探ることに焦点を絞った質問（psychological focus）をする方が,患者の自己開示を促進します.また,精神的な質問を行う際には,患者の感情表出を促す（encouraging the expression of emotions）ことも大切です.この時,患者が感情の表現に言葉を詰まらせるようなことがあれば,沈黙の利用（using silence）によって,患者に適当な時間的余裕を与えるとよいといえます.あまり長く沈黙が続くようであれば,そこでなぜ患

者が沈黙せざるを得ないかという理由の確認を,「話をするのは難しいようですね」などの一言で行うと効果的です.

このように,医療従事者が適切なコミュニケーション技法を使用することによって患者との間により良い関係が築かれるだけでなく,患者の病状に関しても,より詳細で正確な情報の収集が期待できるようになります.

7. より良い対人コミュニケーションをめざして

本セクションの冒頭で紹介した2人の乳がん患者のケースは,医療従事者と患者との間で,治療選択をめぐって意見の不一致が生じたことから,コミュニケーションが滞ってしまった例でした.これにはさまざまな原因が考えられますが,1つには,患者の治療選択をめぐるやりとりが,医療従事者による支配的コミュニケーションによって行われたことが,両者の関係においてラポール(信頼関係)の構築を阻んだ原因であると考えられます.このように,医療従事者との間に十分なラポールが構築できず,良好なコミュニケーションをとることができなかった患者の一部が,西洋医学の治療を拒み,やがて医療従事者のもとから逃れるようにして補完代替療法に救いを求める場合があることが,著者らの研究においても観察されています(Shumay et al., 2001).また,同じく著者らが行った面接調査では,補完代替療法を使用する多くのがん患者が,統計的データの欠如からその有効性を疑問視する医師の態度を,科学偏重的で偏狭な考え方であると批判的に捉えていました.患者は,このような医師の態度を,活発な医師と患者間のコミュニケーションを阻む原因であると考えていることも明らかになりました.それと同時に,補完代替療法について医師が評価的な立場は取らずとも,見て見ぬふりをするような無関心な態度を示した場合も,患者はそこに医師とのコミュニケーションの障害を感じていることがわかりました(Tasaki, Maskarinec, Shumay, Tatsumura & Kakai, 2002).これらの研究結果から浮き彫りにされたことは,NBMでいうとこ

ろの患者の「物語」と医療従事者の「物語」が共有されなかったことによるコミュニケーション不全であるといえるでしょう．

　これまでの考察から，医療従事者と患者がお互いに対して不満を抱く時には，共感，対等な関係，思いやりなどが両者の間に欠落していることが示唆されます．一方，相手に対してオープンな態度で接し，互いの立場を理解・尊重しようと努めることは，医療従事者と患者の信頼関係の構築に不可欠であるといえます．つまり，両者が信頼に基づく相互作用を通じて「物語」を共有していくことが，より良い医療を構築していく鍵となるといえるでしょう．日本でも最近は，まだまだ少数とはいえ，「医療コーディネーター」という職業が誕生しています．彼らは医療従事者と患者の間に立って，コミュニケーションが円滑に行われるよう仲介する役割を担っています．今後は医療従事者と患者の双方による積極的な自助努力と，医療コーディネーターのような第三者の支援が，日本の医療現場におけるコミュニケーションの改善を促進していくことが期待されます．

　ここまでは，健康コミュニケーションにおける対人レベルのコミュニケーションを，主として医療従事者と患者の相互作用から考察してきました．次のセクションでは，コミュニケーションのレベルをパブリックおよびマス・コミュニケーションにシフトし，大衆の健康増進に対しコミュニケーションが果たす重要な役割を考察していきます．

8. パブリックおよびマスレベルの健康コミュニケーション

　健康コミュニケーションには，対人レベルのほかに，テレビ，ラジオ，新聞，雑誌，インターネットなどのマスメディアを使ったコミュニケーションと，市町村などの自治体などが地域住民を対象に開催するパブリック・レベルのコミュニケーションがあります．最近の健康ブームを反映してか，パブリック／マス・レベルのコミュニケーションでは，健康関連情報を積極的に提供しています．「が

んにならないための食生活」，「ストレス解消法」，「健康にやせるダイエット方法」など，例を挙げればきりがありません．また，病気を克服した人びとの経験を，本人の語りによって紹介するようなテレビ・ラジオ番組や，闘病記をつづった本やブログなどの活字媒体もよく目にするようになりました．一般大衆を対象とするこれらの健康コミュニケーションの意義は，今後我が国の高齢化が進んでいくこと[11]で，さらに増すことになるでしょう．メディア・コミュニケーションを道具として大衆の健康増進をはかることは，国家や自治体の医療費削減という経済効果だけでなく，国民一人ひとりのクオリティ・オブ・ライフ（Quality of Life: QOL[12]）の向上を目指す上でも，不可欠であるといえます．

9．健康信念モデル

　本章の冒頭でも触れたように，健康コミュニケーションにおけるパブリックおよびマス・コミュニケーションの役割は，健康増進や疾病予防などのヘルスプロモーションを多くの人びとを対象に行う重要な道具としてのものです．健康的な生活を送るために欠かせない食生活，運動，禁煙などの一連の健康行動を普及させることが，このレベルでの健康コミュニケーションの主な目的です．

　ところで皆さんの多くはタバコを吸うことが健康にとって有害であることはご存知でしょう．しかし，まわりを見渡すと，いまだにタバコを吸う人が絶えないのはなぜでしょうか．同じ情報を専門家やマスコミを通じて入手しても，その結果が健康行動に結びつく人と結びつかない人がいるのは明らかです．そこでまず，人びとが健康や病気についてどのような行動をとるかということについて説明した代表的なモデルを紹介しましょう．社会心理学者たちにより提唱された健康関連行動のモデルは複数[13]ありますが，ここでは，健康コミュニケーションの視点から特に有益と思われる健康信念モデル（health belief model）を紹介することにします（図4）．

　ローゼンストック（Rosenstock, 1966, 1974）により提唱され，

```
  個人の認知              修正要素                    行動の可能性

                    ┌─────────────────┐      ┌─────────────────┐
                    │・人口統計学的変数(年齢、│      │・予防的行為による利得に│
                    │ 性別、人種、民族など) │─────→│ 対する認知      │
                    │・社会心理的変数(パーソ│      │   マイナス      │
                    │ ナリティー、社会階級、仲間│      │・予防的行為に伴う障害 │
                    │ 集団、準拠集団の圧力など)│      │ に対する認知    │
                    └─────────────────┘      └─────────────────┘
                             │
┌─────────────┐              ↓                    ┌─────────────┐
│・疾病"X"の罹患度に対する│                              │              │
│ 認知        │─────→│・疾患"X"の脅威に対する認知│─────→│・予防的行為を行う可能性│
│・疾病"X"の重篤性に対する│                              │              │
│ 認知        │              ↑                    └─────────────┘
└─────────────┘              │
                    ┌─────────────────┐
                    │予防行動へのきっかけ    │
                    │・マスメディアによるキャンペーン│
                    │・他者からのアドバイス   │
                    │・医師や歯科医師からの連絡│
                    │・家族や友人の罹患     │
                    │・新聞や雑誌の記事     │
                    └─────────────────┘
```

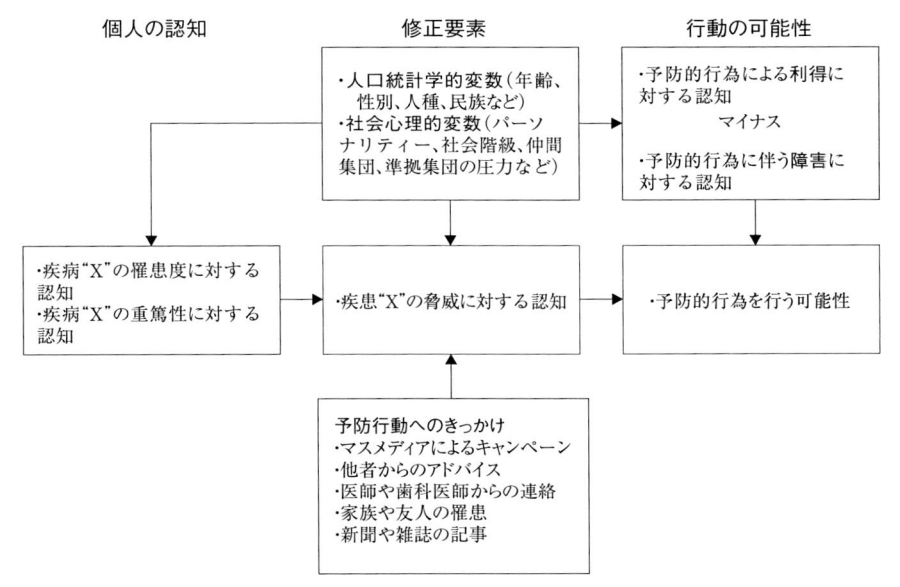

図4　健康記念モデル（Becker & Maiman, 1975）

後にベッカー（Becker & Maiman, 1975）らによって修正された健康信念モデルは，健康関連行動のモデルとしては，代表的なものの1つです．このモデルは，1950年代後半，レントゲン検診が結核予防策として効果があると認められていたにもかかわらず，検診を行わない人びとがいるのはなぜかという公衆衛生上の疑問から，人びとの疾病予防行動を説明するモデルとして誕生しました．

健康信念モデルによると，個人が健康行動をとる可能性は，次の4つの認知により決定付けられます．

(1) 疾病の罹患度に対する認知（perceived susceptibility）
(2) 疾病の重篤性に対する認知（perceived severity）
(3) 予防的行為による利得に対する認知（perceived benefit）
(4) 予防的行為に伴う障害に対する認知（perceived barriers）

(1)と(2)は，自分はその病気にかかりやすいのか，その病気は重い恐ろしい病気なのか，といった病気の脅威に対する個人の認知です．一方(3)と(4)は，病気を防ぐために行う予防的行為がどれだけの利得をもたらしてくれるのか，または，予防的行為を行うことにどれだけの障害が伴うのか，といった予防的行為のコストとベネフィットに対する認知です．これらの認知に加え，予防行動へのきっかけ（cues to action）も，外部からの影響要因としてモデルの中に含まれています．これは，対人コミュニケーションを通して他者から得た情報や，身近な家族や友人の病気，マスメディアによるキャンペーン，新聞や雑誌に掲載された記事など，予防的行為を行うきっかけとなる事柄を指します．さらに，同モデルでは，年齢，性別，人種，民族のような人口統計学的変数，パーソナリティ，社会階層，仲間集団，準拠集団の圧力など，社会心理的要因が，種々の認知要因を通して，行為の可能性に間接的に影響を与えていると考えます．年齢が健康行動に影響を与える例として，幼児が苦薬を飲むことを拒んだり，老人が服薬を忘れてしまったりといったことが挙げられます．生まれ育った環境の影響で，特定の食生活や運動パターンなどが形成されるケースもここに含まれます．健康信念モデルは，このような複数要因が，予防的行為を行う可能性に影響を与えていると考えます．

　最近の健康信念モデルには，ローゼンストックら（Rosenstock, Strecher & Becker, 1988）により，バンデューラ（Bandura, 1977）が概念化した自己効力感（self-efficacy）が加えられています．これは，自分が行おうと思っている行為の実現可能性に対する認知であり，「自分にはできる」という，行為を遂行する上での自信を意味します．自己効力感が低ければ，行為を遂行しようとする動機は低くなると考えられています．

　ここで，喫煙という具体的な例とともに，健康信念モデルについて考えてみましょう．タバコの煙には発がん物質が多く含まれ，ニコチンは血圧を上げるため，喫煙はがん・心臓病・脳卒中という三

大生活習慣病の罹患率を上げることになります．がんで死亡する危険性は，タバコを吸った年数と一日に吸う本数に比例するというのがこれまでの研究でわかってきています．たとえば，一日に20本ずつ30年間タバコを吸い続けると，喫煙指数は600（20×30）となります．この数値以上の喫煙者は肺がんになる危険度が高くなるといわれています．また，タバコの煙は，喫煙者本人だけではなく，受動喫煙により周囲の人びとの健康にも影響を与えます．こうしたタバコの害に関する情報は，新聞，テレビ，ラジオ，インターネットなどのメディアを通して，今日さかんに発信されています．実際，公共の場においても，飛行機の機内における全面禁煙や，シアトル系のコーヒーショップが店内全席禁煙になっている例からもわかるように，禁煙を奨励する傾向が広がりつつあります．このように喫煙の有害性が叫ばれている一方で，タバコを吸う人はいまだに絶えません．それどころか，若年層の喫煙者（特に女性）の数が増加の一途をたどっていることが厚生労働省からも報告されています．健康信念モデルを用いると，喫煙者が喫煙続行や禁煙を決意する意思決定のプロセスは次のように説明することができます．

　まず，健康信念モデルの中の2つの柱，つまり疾病の脅威に対する認知と予防的行為の利得と障害のバランスに対する認知という視点から，喫煙について考察します．疾病の脅威に対する2つの認知は，「喫煙者である自分は，肺がんになる可能性が高い」という疾病の罹患度に対する認知と，「肺がんになったら死ぬかもしれない」という，疾病の重篤性に対する認知でした．この2つの認知が高ければ高いほど，予防的行為につながる可能性は高くなります．予防的行為の利得と障害のバランスに対する2つの認知は，「今，タバコをやめれば，肺がんにならないかもしれない」という，禁煙行為の利得に対する認知と，「タバコをやめたら私の（ぼくの）クールなイメージがなくなってしまうかもしれない」という，禁煙行為に伴う障害に対する認知です．利得の認知が障害の認知を上回ったときは，予防的行為を行う可能性は高くなりますが，「クールなイメー

ジがなくなるくらいなら死んだほうがましだ」と思うような人がいれば，その人にとっては障害の認知が利得の認知を上回るため，予防的行為を行う可能性は低くなります．

　この視点から考えると，メディアによる健康情報の紹介も，疾病の脅威や予防的行為の利害に対する認知に影響を与える(つまり「行為のきっかけ」となる)という意味で，大変重要な役割を果たす可能性をもっています．たとえば，長年喫煙を継続してきた人が，テレビ番組などで，自分と同様の喫煙習慣を持つ肺がん患者の実例に触れたとしましょう．その人は，自分自身と肺がんとの関係をより切実な問題として認識するようになるでしょう．そして，禁煙によって失われるクールなイメージと，肺がんの苦しみを天秤にかけることで，今までできなかった禁煙という行為を実行することが可能になるかもしれません．また，身近な人びとからの情報も，行為のきっかけになる可能性が十分あります．たとえば，親しい友人や家族の喫煙者が肺がんになったとします．そのような場合，長年禁煙を拒んできた人でも，喫煙行為の利害に対する認知が大きく変化し，ついには自ら進んで禁煙を決意するようなケースもあるでしょう．

　健康信念モデルにおいては，年齢，性別，人種，民族のような人口統計学的変数や，パーソナリティ，社会階層，仲間集団，準拠集団の圧力といった社会心理的要因が，行為の可能性に間接的な影響を及ぼしていると考える点については前述の説明でも触れました．タバコの例でいえば，メンバー全員がタバコを吸っているようなサークルに所属し，自分の意志に反してタバコを吸い続けるケースが考えられます．個人に禁煙の意志があっても，常に行動を共にする職場の同僚や学校の友人などが喫煙している場合，その中で禁煙を断行することは，周囲の圧力もあるため困難といえます．このような場合は，周囲に屈して不健康な行動をとり続けるよりは，タバコの害について周囲の認識を高めるような啓蒙活動を行い，サークル挙げて禁煙運動を行うというような方向に持っていくことができれば，望ましいといえるでしょう．それが不可能であれば，別のサー

クルに移籍するなどして,健康行動を変容しやすい環境に移ることも大切でしょう.

10. ヘルスプロモーション

健康信念モデルによっても指摘されるように,健康コミュニケーションにおけるパブリック・コミュニケーションとマス・コミュニケーションは,ヘルスプロモーションには欠かせない道具であるといえます.

それではここで,ヘルスプロモーションの概念について簡単に説明しましょう.感染症対策を中心としていたかつての公衆衛生政策に大きな変化をもたらしたものとして,1986年にWHOにより提唱されたオタワ憲章があります.これにより公衆衛生戦略の目的は,疾病対策から,より積極的なアプローチである,ヘルスプロモーションへとシフトしていきました.オタワ憲章におけるヘルスプロモーションの定義とは,「人びとが自らの健康をコントロールし,改善することを可能にするプロセスである」[14]です.つまり,ヘルスプロモーションとは,人びとのライフスタイルを健康的なものへと変化させるための,教育的支援および公衆衛生の政策的支援を指します.ヘルスプロモーションには,その対象となるオーディエンス(支援の受け手)の人数によって,大きく分けて4つのアプローチがあります.これらは,カウンセリングなどに代表される1対1のアプローチ,学校や職場などの小集団に対して行われるワークショップ,地域住民に対して行われる健康増進運動,そして一般大衆をターゲットとする公共政策によるアプローチに分けられます.もちろん,国民全体を対象とするようなヘルスプロモーションの場合,マスメディアを利用したメディア・キャンペーンなども有効なアプローチとなります(Schwarzer & Gutierrez-Dona, 2000).

ヘルスプロモーションの2つの柱の1つである健康教育とは,健康なライフスタイルを維持するための情報提供活動です.WHOは,健康教育を「意識を高め,個人・地域レベルにおける健康増進に

関わる態度や知識に好ましい影響を与える教育」[15)]と定義しています．健康教育の内容としては，公衆衛生，食生活，喫煙，アルコール，薬物，エイズ，各種生活習慣病の予防などが例として挙げられます．健康教育によって期待される成果は，人びとが与えられた情報をもとに，自身の健康管理のために賢い選択をすることができるようになることです（Kreps & Thornton, 1992）．

　もう1つの柱である政策的支援には，国レベル，都道府県レベル，市町村レベルの衛生行政があります[16)]．健康なライフスタイルづくりは，個人の努力だけでは限界があり，環境全体が健康な状態でなければ実現しません．政策的支援の具体例として，米国の"Healthy People 2000"や，我が国の「21世紀における国民健康づくり運動（健康日本21）」計画が挙げられます．このプログラムは，急速に高齢化する日本において，「明るい高齢社会」の実現を目指し厚生労働省が推進するもので，これに伴って平成15年5月には健康増進法が施行されました．健康日本21では，「壮年期死亡（早死）の減少」，「健康寿命（痴呆や寝たきりにならない期間）の延伸」と「生活の質の向上」の3つの目的を掲げています．そのため，目標達成の鍵を握る，生活習慣病の減少と生活習慣の改善に運動の照準を合わせています．

11. ヘルスプロモーションのためのコミュニケーション・チャンネル

　ヘルスプロモーションにおいては，どのメディアを健康情報提供のチャンネルとして選ぶかが，戦略的重要性を持ってくるといえます．オーディエンスが求めているものは何なのか，どうしたらその人たちの関心を引きつけることができるのか，どのように情報を提供すれば，相手の理解をより効果的に促すことができるのかなどのポイントに加え，どのチャンネルを通してオーディエンスに働きかけるかが，プロモーションの結果に影響を与える鍵となります[17)]．たとえば，青少年を対象とした性行為感染症（STD）予防キャンペーンを行う際に，ビジネスマンが多く購読する経済専門の新聞紙面に

広告を掲載することは，あまり効率のよいメディアの活用法とはいえません．より多くのターゲットに情報を届けたいのであれば，若者の間で広く購読されている新聞や雑誌に広告を載せるべきでしょう．これが全国規模のキャンペーンであれば，テレビやラジオの全国ネットを利用することで，より多くのターゲットの注意を引くことができるでしょう．

マスメディアのチャンネルを使用したヘルスプロモーションの例としては，ラジオ，テレビ，新聞，書籍，雑誌などによる健康関連情報の伝播が挙げられます．たとえば我が国では，闘病記の出版が1970年代以来増えており，90年代に入ってこの流れはさらに加速しているといわれています．病気の経験談や治療法などの情報を，罹患経験者が提供するこれらの闘病記は，同じ病気で苦しむ人びとの間で，「医師のアドバイスとはひと味違う生きた参考書」（日本経済新聞，2003年7月5日）として利用されています．

また最近は，従来のマスメディアに加え，電子メディアが普及し，新たなコミュニケーション・チャンネルとして期待が寄せられています．電子メディアには，CD – ROM，DVD，インターネットを含む各種オンライン・サービスなどがあります．中でもインターネットは，電子掲示板やメーリングリストを通じて，世界中からありとあらゆる人びとが情報を交換・提供するという，巨大情報ネットワークです[18]．ここでは，さまざまな病気，医薬品，治療方法などに関する情報交換を行うためのオンラインコミュニティも形成されてきています．このようにインターネットは，健康コミュニケーションのための強力な道具として，今後益々その影響力を増していくと見られます．

12. 大衆レベルにおける健康コミュニケーションの今後

個人レベルにおける健康コミュニケーションは，多くの場合実際に健康問題を抱える患者またはクライアントと呼ばれる人びとを対象として，ミクロレベルでの効果を期待するものであるといえます．

それに対し，大衆を対象としたパブリック／マス・レベルにおける健康コミュニケーションは，地域・社会レベルで健康問題の発生を未然に防ぐ役割を持つことから，マクロレベルでの効果が期待できるものといえます．このレベルの健康コミュニケーションが有効に活用されれば，高齢化が進む我が国において求められている，医療費の削減と個人のクオリティ・オブ・ライフの向上という2つの目的を達成することが可能となるでしょう．さらに近年は，私たちの命を脅かす新型肺炎（SARS）や鳥インフルエンザに端を発する新型インフルエンザを発症させるような新種のウィルスが続々出現し，グローバルにその感染を広げています．そのような状況の中で，感染予防や対策に関する最新情報を提供するメディアの役割は絶大です．このようなことから大衆レベルの健康コミュニケーションの知見が社会に果たす役割の潜在的可能性は非常に高いといえます．

　今後，電子メディアという新たな道具を得て，大衆レベルにおける健康コミュニケーションのあり方は，進歩し続けると思われます．しかしながら，その一方で，情報の氾濫による混乱や，不正確な情報による被害も懸念されます．また，経済的な理由や技術的な理由でコンピュータにアクセスできない人が，情報の恩恵から取り残されるような，デジタル・ディバイドの問題も深刻になっていくと考えられます．したがって，これまで同様，対人コミュニケーションなどの従来型のチャンネルも重視し，複数のチャンネルを戦略的に使って，正確な情報が効果的に伝播されるような健康コミュニケーションを目指す必要があるでしょう．

13. むすび

　本章では，健康コミュニケーションの視点から，医療従事者と患者の対人コミュニケーションと，ヘルスプロモーションの道具としてのパブリックおよびマス・コミュニケーションについて考察してきました．健康コミュニケーションは，私達が健康維持のために行う全ての情報交換・アクセスを指すものです．病気という「特殊な」

場合以外の日常生活においても，マス・メディアや他者との会話を通して，私たちは頻繁に健康コミュニケーションを行っていることがおわかりいただけたでしょう．健康コミュニケーションが，医学の専門的知識を持つ人たちの専売特許であるという考え方は，もはや妥当ではありません．私たち一人ひとりが健康コミュニケーションのあり方を学び，これに積極的に関わっていくことが，民主的な医療の可能性を開くきっかけにもなるでしょう．

　最後に，健康コミュニケーションのモデルは，その多くが欧米（特に米国）の研究者により提唱されたものであり，本章の参考文献も米国の研究者によるものがその中心となっています．そのため，日本人の意識と多少ずれる部分もあることは否めません．たとえば，一般的に日本の医療現場では，医師と患者の力の格差が米国以上に存在しています．そのため，両者の対等な関係を前提とする米国の理論は，日本の現状には応用しにくい場合もあると考えられます．さらに，いかに患者にとって悪いニュースであっても，本人に全ての情報を伝えることが正しい医療者のあり方であるとする米国の考え方が，制度や文化的価値観の異なる日本において，どれほど妥当なものであるかを一概に判断することはできません．なぜならば，医療倫理のあり方は，各国の文化的・社会制度的要因に大きく影響されるものだからです（Kakai, 2002）．今後は，日本という社会環境の中で培われた独特の社会心理的・制度的要因を考慮して，独自のモデルを構築していくことが，我が国における健康コミュニケーション研究の課題となっていくことでしょう．

【注】

1）アメリカ心理学会（American Psychological Association: APA）は，健康心理学を，「健康の増進と維持，疾病の予防と治療，健康・疾病・機能障害に関する原因・診断の究明，およびヘルスシステム（健康管理組織）・健康政策策定の分析と改善等に対する心理学領域の特定の教育的・科学的・専門的貢献のすべて」と定義しています（本明，1997，p.

83).
2) 世界保健機関（WHO）の原文には，"Health is a state of complete physical, mental and social well-being and not merely the absence of disease or infirmity." とあります (http://www.wpro.who.int/hpr/docs/glossary.pdf).
3) 医師が患者に対し，病名告知や治療方法とそのリスクなどの情報を開示し，患者は与えられた情報を理解し，納得の上で治療方針に関する意思決定を行うことです．
4) 社会的支援と訳され，そのタイプには，共感などの情緒的支援，適切な評価を与えるなどの評価的支援，問題解決に必要な情報や知識を提供する情報的支援，金銭や手伝いなどの手段的支援，及びおしゃべりやアクティビティを共に行うなどの親交的支援などに分かれます（田中，2001）．
5) 選択的知覚の過程では，自己の既存の知識に従って，重要な情報のみに焦点が当てられ，焦点化された情報は，意味のある形に整理されます．
6) 日本代替医療学会 (http://www3.nsknet.or.jp/~jam/About.html) では，補完代替療法を「現代西洋医学領域において，科学的未検証および臨床未応用の医学・医療体系の総称」と定義しています．漢方，鍼灸，指圧，気功などの中国医学をはじめ，各種健康食品，ハーブ療法，アロマセラピー，ビタミン療法，食事療法，精神・心理療法，温泉療法，酸素療法，等がその例です．
7) 日本でも，がん患者の約4割が補完代替療法を使用していることが最近の調査で明らかになっています．中でも健康食品が最も人気が高く，続いて漢方，気功，針きゅうの順に並んでいます（日本経済新聞，2002年10月19日，夕刊，10面記事より）．
8) セカンドオピニオンとは，主治医以外の他の医師の診断・治療の説明という意味で，第二診断とも訳されます．
9) セルフケアとは，個人が自身の健康増進，疾病予防，病気の治癒を目的とする活動を，自律的に行うことです．
10) コンプライアンスとは，患者が医療従事者の指示に従うことを指します．患者が医療従事者の指示や助言に従わない状態は，ノンコンプライアンスと呼ばれます．
11) 厚生労働省は，65歳以上の高齢者人口の割合が，21世紀初頭には4人に1人を数え，2050年には3人に1人になるとしています(http://www.

kenkounippon21.gr.jp/kenkounippon21/about/souron/index.html).

12) 身体・精神・社会・環境など，さまざまな側面を考慮した，個人にとっての生きる上での質のことです．

13) たとえば，フィッシュバインとエイゼンによる合理的行為の理論（Fishbein & Ajzen, 1975）や，エイゼンの計画的行動の理論（Ajzen, 1985），ディクレメンテやプロチャスカらによる段階的変化モデル（Diclemente et al., 1991; Prochaska et al., 1992）などがあります．

14) WHO による原文では，"Health promotion is the process of enabling people to increase control over, and to improve, their health." とあります（http://www.wpro.who.int/hpr/docs/glossary.pdf）.

15) 世界保健機関（WHO）のホームページ上に記載されている原文では，"Education that increases the awareness and favorably influences the attitudes and knowledge relating to the improvement of health on a personal or community basis" となっています．（http://www.who.int/health_topics/health_education/en/）

16) 厚生労働省（一般衛生行政・労働衛生行政を担当），文部科学省（学校における児童，生徒，教職員の健康を担当），環境省（環境保全を担当）などの国レベルの衛生行政や，各都道府県の保健所・市町村の地域衛生の担当部局による保健・医療体制の整備などの支援のことを指します．

17) ヘルスプロモーションを目的とするコミュニケーション・キャンペーンを代表するものとして「ソーシャル・マーケティング」があります．経営学のマーケティングの概念を流用したもので，社会問題の解決や健康増進を促す行動変容などを実現するために，マーケティングの4つの基本原理（4P：Products, Prices, Places, Promotion）を利用するものです．ここでは，消費者が何を求めているかを調査した上で，あくまで彼らのニーズに基づきヘルスプロモーション・キャンペーンをデザインします．たとえば，若者を対象にHIV/AIDS予防を呼びかける方法として，エイズ撲滅のスローガンをプリントしたTシャツや，有名ポップシンガーによる音楽CDをキャンペーンのイメージソングとして販売し，商品とともにセーフ・セックスのアイディアを広く若者の間に伝播するといったものがあります．この分野においては，米国ジョンズ・ホプキンス大学の公衆衛生プログラムの貢献が世界的に知られています．

18) 米国の国立がん研究所（NCI）は，電話のホットラインのほか，インター

ネット上のホームページ（http://www.nci.nih.gov/）に，各種がんに関する予防法，治療法，病因，がんに関する統計，患者支援団体やサービスの紹介など，豊富な情報を掲載しています．同様に日本の国立がんセンターでもホームページ（http://www.ncc.go.jp/）を設け，一般の消費者と医療従事者が，がんに関する最新の情報を検索できるようにしています．

【参考文献】

［1］ Ajzen, I. "From intentions to actions: A theory of planned action." Kuhl, J. & Beckman, J. (eds.), *Action control: From cognition to behavior*. Springer, 1985, pp. 11-39.

［2］ Atkin, C. & Marshall, A. "Health communication." Salwen M. B. & Stacks D. W. (eds.), *An integrated approach to communication theory and research*. Lawrence Erlbaum Associates, 1996, pp. 479-495. Mahwah, NJ:

［3］ Bandura, A. "Self-efficacy: Toward a unifying theory of behavioral change." *Psychological Review*, 84, 1977, pp. 191-215.

［4］ Becker, M. H. & Maiman, L. A. "Sociobehavioral determinants of compliance with health and medical care recommendations." *Medical Care*, 13, 1975, pp. 10-24.

［5］ DiClemente, C. C., Prochaska, J. O., Fairhurst, S. K., Velicer, W. F., Velasquez, M. M. & Rossi, J. S. "The processes of smoking cessation: An analysis of precontemplation, contemplation, and preparation stages of change." *Journal of Consulting and Clinical Psychology*, 59, 1991, pp. 295-304.

［6］ Faulkner, A. & Maguire, P. *Talking to cancer patients and their relatives*. Oxford University Press, 1994.
兵藤一之介・江口研二訳『がん患者・家族との会話技術』南江堂，2001.

［7］ Fishbein, M., & Ajzen, I. "Belief, attitude, intention, and behavior: An introduction to theory and research." Reading, MA: Addison-Wesley, 1975.

［8］ Kakai, H. "A double standard in bioethical reasoning for disclosure of advanced cancer diagnoses in Japan." *Health Communication*, 14(3),

2002, 361-76.

[9] Kleinman, Eisenberg. & Good. "Culture, illness, and care: Clinical lessons from anthropologic and cross-cultural research." *Annals of Internal Medicine*, 88, 1978, 251-258.

[10] 厚生労働省「健康日本21」『総論』, 2000. retrieved September 1, 2003, from http://www.kenkounippon21.gr.jp/kenkounippon21/about/souron/index.html

[11] 国立がんセンター, 2003. Retrieved September 1, 2003, from http://www.ncc.go.jp/jp/

[12] Kreps, G. L. & Thornton, B. C. *Health Communication: Theory & practice* (2nd ed.), Prospect Heights, IL: Waveland Press, 1992.

[13] 久米照元.「コミュニケーション研究の主な領域」橋本満弘・石井敏編,『コミュニケーション論入門』桐原書店, 1993, pp. 25-53.

[14] National Cancer Institute. retrieved September 1, 2003, from http://www.nci.nih.gov/

[15] 日本代替医療学会. Alternative Medicine (代替医学) について. retrieved September 1, 2003, from http://www3.nsknet.or.jp/~jam/About.html

[16] 本明寛.「健康心理学」日本健康心理学会編『健康心理学辞典』実務教育出版, 1997, pp.83-84.

[17] Northouse, P. G., & Northouse, L. L. Health Communication: Strategies for Health Professionals (2nd ed.) Stamford, CT: Appleton & Lange, 1992.
信友浩一・萩原明人訳『ヘルス・コミュニケーション:これからの医療者の必須技術』九州大学出版会, 1998.

[18] Prochaska, J. O., DiClemente, C. C. & Norcross, J. C. "In search of how people change: Applications to addictive behaviors." *American Psychologist*, 47, 1992, pp. 1102-114.

[19] Rogers, C. R. "The necessary and sufficient conditions of therapeutic personality change." *Journal of Consulting Psychology*, 21, 1957, pp. 95-103.

[20] Rosenstock, I. M. "Why people use health services." *Milbank Memorial Fund Quarterly*, 44 (3), 1966, pp. 94-127.

[21] Rosenstock, I. M. "The health belief model and preventive health

behavior." *Health Education Monographs*, 2,1974, pp. 354-386.

[22] Rosenstock, I. M., Strecher, V. J., Becker, M. H. "Social learning theory and the health belief model." *Health Education Quarterly*, 15 (2), 1988, 175-183.

[23] Ratzan, S. C., Payne, J. G. & Bishop, C. "The status and scope of health communication." *Journal of Health Communication*, 1, 1996, pp. 25-41.

[24] 斎藤清二・岸本寛史『ナラティブ・ベイスト・メディスンの実践』金剛出版, 2003.

[25] Schwarzer, R. & Gutierrez-Dona, B. "Health psychology." Pawli, K & Rosenzweig, M.R. (eds.).*The international handbook of psychology*. Sage Publications, 2000, pp. 452-465.

[26] Shumay, D. M., Maskarinec, G., Kakai, H., & Gotay, C. C. "Why some cancer patients choose complementary and alternative medicine instead of conventional treatment." *Journal of Family Practice*, 50 (12), 2001, pp. 1067.

[27] Street, R. L., Jr. "Communication in medical encounters : An ecological perspective." Thompson, T. L., Dorsey, A. M., Miller, K. I. & Parrott, R. (eds.), *Handbook of health communication*. Lawrence Erlbaum Associates, 2003, Mahwah, NJ:

[28] 田中宏二「ソーシャルサポート」日本健康心理学会編『健康心理学辞典』実務教育出版, 1997, pp. 191.

[29] Tasaki, K., Maskarinec, G., Shumay, D. M., Tatsumura, Y., & Kakai, H. "Communication between physicians and cancer patients about complementary and alternative medicine: exploring patients' perspectives." *Psychooncology*, 11 (3), 2002, pp.212-20.

[30] World Health Organization. "Health promotion glossary." 1998. retrieved September 1, 2003, from http://www.wpro.who.int/hpr/docs/glossary.pdf

[31] World Health Organization. "Health topics: Health education. 2003" retrieved September 1, 2003, from http://www.who.int/health_topics/health_education/en/

人名索引

■ア行
アーガイルとディーン　41, 42
エクマン　33
オースチン　21

■カ行
ガーフィンケル　104
カシオッポ　167, 169
グーテンベルク　117, 118
グライス　18
クラグマン　163, 166
コーリー　162
ゴフマン　89, 93, 94

■サ行
サール　21
佐々木　168
サックス　104, 105
スタイナー　165

■タ行
チョムスキー　12

■ハ行
ハイムズ　24
ハリデー　7
ビューラー　3
ペティ　167, 169
ホール　40, 81, 82
ホフステード　60, 65

■マ行
マクウェール　113, 127
マレービアン　32, 38, 39
ミルトン　122

■ヤ行
ヤーコブソン　4, 27

■ラ行
ラヴィッジ　165
ラボフ　25
ルイス　161
レイ　165
ロジャーズ　191

事項索引

■英字
AIDAの法則　161
AIDMAモデル　161
DAGMARモデル　162
Healthy People 2000　202

■ア
曖昧性　15

■イ
異化表現　27, 29
一面呈示　153, 154
意味論　12
医療コーディネーター　195
医療コミュニケーション　175, 176
因果関係　59
印象　43, 44
インターネット　129, 130, 134, 135, 140
インフォームド・コンセント　174
隠喩　27

■ウ
受け手　4
訴え　3
促し　192

■エ
エスノメソドロジー　89
エビデンス・ベイスト・メディスン　175
遠方相　40

■オ
送り手　4
オタワ憲章　201
思いやり　191
オルガノン・モデル　3
音韻論　9
音声　9
音声学　9
音素　10

■カ
概念的意味　12
解明　193
会話　16
会話の原則　18
会話の含意　20
顔文字　37
学習階層　165
確認　191
カテゴリー　96

索引　211

カテゴリーが使われる時の，
　　　　正しさと適切さ　105
感情表出の促し　193
感情的意味　14
感情表出的　4
顔面表情　31
観念的機能　7
換喩　28
関与的特徴　10

■キ
議題設定機能　126
欺瞞　47, 48
欺瞞者　47
キャンペーン　124, 140
共感　190
協調的コミュニケーション　186, 189
協調の原理　18, 22
恐怖を用いた訴求　153, 154
近接相　40

■ク
クオリティ・オブ・ライフ　196, 204
クライアント　177

■ケ
傾聴　192
言外の意味　20
健康管理　177, 202
健康教育　180, 201
健康コミュニケーション　173, 177, 183, 195, 203
健康コミュニケーションの研究領域　182
健康情報　177
健康情報提供のチャンネル　202
健康信念モデル　196
健康心理学　173
健康増進法　202
健康に関する新しい定義　174
言語行動　24
言語能力　5
言語普遍性　11, 12
言語変種　25
現実の構成　121
権力格差　61
言論の自由　122

■コ
広告効果の階層モデル　161
広告への態度　169
高コンテクスト・コミュニケーション　82
公衆距離　40
高等文化　58
交話的　5
コード　4
コード切り替え　26

コード混合　26
心の中　109
個人主義—集団主義　61
固体距離　40
コミュニケーションの生態学的モデル
　　　　180
コミュニケーション能力　6, 7
コミュニケーションの民族誌　24
コミュニケートする権利　143, 145
語用論　17
コンテクスト　4, 82
コンプライアンス　188

■シ
ジェスチャー　31, 45
シグナル　3
自己概念　68
自己高揚傾向　78
自己効力感　198
自己開示を促すインタビュー技法　192
自己呈示　98
自己批判傾向　78
指示的　4
姿勢　31, 36, 37
視線　31, 38, 41
視線交錯　38, 42, 43
視聴印象　170
詩的　5
詩的機能　7
ジャーナリズム　121, 132, 136
社会距離　40
社会言語学　23
社会言語能力　6
社会方言　25
周辺的ルート　168
主題的意味　15
出版　136, 137, 138
順序効果　153, 156
状況　91
状況の定義　95
情動　33, 35, 36, 37
身体接触　31
身体操作　47, 48
信憑性　149
シンプトン　3
新聞　120, 123, 134, 136, 140
シンボル　3
親密さ　38, 39, 40, 41
信頼　190
信頼性　50, 149
心理的リアクタンス　155
親和葛藤理論　41, 42, 43

■ス
スタイル（文体）　25

スリーパー効果　150

■セ
生活様式としての文化　58
政策的支援　201, 202
誠実さ　191
生成文法　12
精緻化見込みモデル　153, 167
生物医学モデル　173
生物心理社会モデル　173
世界保健機関　174
セカンドオピニオン　185
接触　4, 38, 40, 41
説得　49, 149
説得効果　123, 124, 125
説得的コミュニケーション　149
セルフケア　185
選択的知覚　184
専門性　50, 149

■ソ
相互依存的自己観　69
相互行為　89
相互行為秩序　93
ソーシャル・サポート　180
創造性　27
創造的能力　7

■タ
大衆社会　120
対人関係的機能　7
対人距離　31, 38, 39, 41, 42, 43
対人コミュニケーション
　　31, 32, 33, 38, 184
多義性　15, 16
多メディア・多チャンネル化　128, 129
段階的勧誘法　158
単純接触効果　153
男性度—女性度　61
談話　16
談話能力　6

■チ
地域方言　25
治療コミュニケーション　190
着席行動　31
チャネル　31, 33
中心的ルート　168
沈黙のらせん過程　128
沈黙の利用　193

■テ
低関与階層　166
低関与学習理論　163
定型性　27

低コンテクスト・コミュニケーション　82
ていねいさの原理　22
テクスト　16
テクスト的能力　7
テクスト的機能　7
デジタル・ディバイド　129, 204
テレビ　121, 126, 128
電子メディア　203, 204
伝達的価値　12
伝統文化　58

■ト
ドア・イン・ザ・フェイス技法　159
同音異義　15
統語論　10
独立的自己観　69

■ナ
内包的意味　13
ナラティブ　175
ナラティブ・ベイスト・メディスン　175

■ニ
21 世紀における国民健康づくり運動
　　（健康日本 21）　202
二重束縛的コミュニケーション　53

■ノ
ノンバーバル・スキル尺度　51

■ハ
働きかけ的　4
発話行為論　21
パブリック／マス・レベルの
　　コミュニケーション　195
パラ言語　31, 36, 37, 38
反映的意味　14

■ヒ
非言語　82
表示　3
表出　3
表情　35, 36
比喩　27

■フ
ブーメラン効果　156
不確実性回避　61
フット・イン・ザ・ドア技法　159
不協和帰属階層　166
普遍文法　12
フレイム　98
ブランドへの態度　169
プロクセミックス　31
文章　16
文体的意味　13

索引　213

文法　　8
文法的直感　　11
文法能力　　6, 7
文脈　　91

■ヘ
弁別特徴　　10
ヘルスケア・プロバイダー　　177
ヘルス・コミュニケーション・モデル
　　　　　　　　　　　　　　179
ヘルスプロモーションの定義　　201
変数　　60

■ホ
補完代替療法　　185, 194
防御的コミュニケーション　　186, 187
方略的言語能力　　6

■マ
マス・コミュニケーション　　117, 121,
　　　　　　　123, 126, 128, 131
マス・メディア　　122, 123, 126, 131, 134,
　　　　　　　138, 140, 143

■ミ
身振り　　31
密接距離　　40

■ム
無限性　　26
無条件の肯定的関心　　191

■メ
メタ言語的　　5
メッセージ　　4
メディア　　118
メディア・リテラシー　　138, 140, 141, 142

■モ
模擬患者　　175
物語（ナラティブ）　　175

■ユ
有効フリクエンシー　　153
ユーモア　　192

■ヨ
要約　　193

■ラ
ラジオ　　119, 120, 123, 139
ラポール　　194

■リ
両面呈示　　153, 154

■レ
連語的意味　　14

■ロ
ロー・ボール技法　　160

■ワ
私の意図　　93

〈執筆者紹介〉（執筆順）

岡野　雅雄（おかの まさお）	文教大学（編者）	第1章
佐久間　勲（さくま いさお）	文教大学	第2章
田崎　勝也（たさき かつや）	フェリス女学院大学	第3章
鶴田　幸恵（つるた さちえ）	奈良女子大学	第4章
諸橋　泰樹（もろはし たいき）	フェリス女学院大学	第5章
浅川　雅美（あさかわ まさみ）	文教大学女子短期大学部	第6章
抱井　尚子（かかい ひさこ）	青山学院大学	第7章

わかりやすいコミュニケーション学　[改訂版]
◇ 基礎から応用まで ◇

2004年　4月　20日　初版発行
2008年　4月　 1日　改訂版発行
2019年　7月　14日　改訂版第2刷発行
2021年　3月　12日　改訂版第3刷発行
2023年　11月　26日　改訂版第4刷発行

編著者／　岡野雅雄
発　行／　三和書籍　Sanwa co.,Ltd.
発行者／　高橋　考

〒112-0013　東京都文京区音羽2-2-2
電話 03-5395-4630　FAX 03-5395-4632
郵便振替 00180-3-38459
sanwa@sanwa-co.com
https://www.sanwa-co.com/
印刷・製本／モリモト印刷株式会社

乱丁、落丁本はお取替えいたします。定価はカバーに表示しています。
©2023 M.Okano　本書の一部または全部を無断で複写、複製転載することを禁じます。

ISBN978-4-86251-031-0 C3037 Printed in Japan

三和書籍の好評図書
Sanwa co.,Ltd.

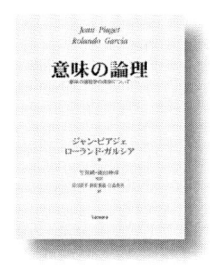

意味の論理
ジャン・ピアジェ / ローランド・ガルシア 著 芳賀純 / 能田伸彦 監訳
A5判 238頁 上製本 3,000円＋税

●意味の問題は、心理学と人間諸科学にとって緊急の重要性をもっている。本書では、発生的心理学と論理学から出発して、この問題にアプローチしている。

ピアジェの教育学 ─子どもの活動と教師の役割─
ジャン・ピアジェ著 芳賀純・能田伸彦監訳
A5判 290頁 上製本 3,500円＋税

●教師の役割とは何か？ 本書は、今まで一般にほとんど知られておらず、手にすることも難しかった、ピアジェによる教育に関する研究結果を、はじめて一貫した形でわかりやすくまとめたものである。

天才と才人
ウィトゲンシュタインへのショーペンハウアーの影響
D.A. ワイナー 著 寺中平治 / 米澤克夫 訳
四六判 280頁 上製本 2,800円＋税

●若きウィトゲンシュタインへのショーペンハウアーの影響を、『論考』の存在論、論理学、科学、美学、倫理学、神秘主義という基本的テーマ全体にわたって、文献的かつ思想的に徹底分析した類いまれなる名著がついに完訳。

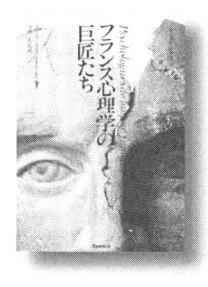

フランス心理学の巨匠たち
〈16人の自伝にみる心理学史〉
フランソワーズ・パロ / マルク・リシェル 監修
寺内礼 監訳 四六判 640頁 上製本 3,980円＋税

●今世紀のフランス心理学の発展に貢献した、世界的にも著名な心理学者たちの珠玉の自伝集。フランス心理学のモザイク模様が明らかにされている。